Klaus-Peter Schmid

Gebrauchsanweisung für Frankreich

Klaus-Peter Schmid

Gebrauchsanweisung für Frankreich

Piper
München Zürich

Mit 18 Abbildungen von Renée Falcke

ISBN 3-492-03067-X

Gesetzt aus der Times-Antiqua
Umschlag: Federico Luci
Gesamtherstellung: Clausen & Bosse, Leck
Printed in Germany

Inhalt

Gebrauchsanweisung

Jedes Jahr reisen mehr als acht Millionen deutsche Besucher nach Frankreich. Allerdings fahren die meisten von ihnen auf dem Weg nach Paris oder zu den Stränden an vielen verborgenen Schönheiten des Landes vorbei. Dabei bietet es zwischen Mittelmeer und Flandern, vom Atlantik bis an den Rhein eine Vielfalt von Landschaften, wie sie nirgends in Europa zu sehen ist. Kulturelle Schätze, von denen auch mancher Franzose nichts weiß, sind in den kleinsten Dörfern versteckt. Das verträumte, provinzielle Frankreich wartet genauso darauf, entdeckt zu werden, wie das romantische Paris der Bistros und Brücken oder das Land der Lebens- und Tafelfreude.

Ein weiterer Grund macht Frankreich zum attraktiven Reiseland. Das Hexagon, wie es wegen seines annähernd sechseckigen Grundrisses häufig genannt wird, ist dank eines modernen Straßennetzes und superschneller Züge verkehrstechnisch bestens ausgebaut, dabei nur an wenigen Stellen überlaufen. Längst nicht alles, was den Besuch lohnt, ist auch touristisch erschlossen. Frankreich ist doppelt so groß wie die Bundesrepublik, hat aber ein paar Millionen weniger Einwohner und damit eine Menge Platz für Besucher. Der Zutritt für den deutschen Touristen ist zudem kinderleicht: Personalausweis genügt – und sogar den will heute kaum noch jemand sehen.

Wozu dann eigentlich eine *Gebrauchsanweisung*? Weil es schade wäre, wenn sich Ihr Besuch in der Besichtigung von Schlössern und Städten, im Aufenthalt an Stränden und Campingplätzen erschöpfte. Frankreich erschließt sich nicht auf den ersten Blick, erst recht nicht seine Bewohner. Die Franzosen erwarten (mehr als andere Nationen) Respekt für ihre Eigenarten und Empfindlichkeiten. Sie machen nicht immer den ersten Schritt, bleiben lieber auf Distanz. Am Ende einer Begegnung mit dem Nachbarn kann dann leicht der Schluß stehen, Frankreich sei ein wunderschönes Land, in dem eigentlich nur die Franzosen stören. Und das wäre das Unbefriedigendste, was sich als Resümee einer Frankreicherfahrung sagen ließe.

Deutsche und Franzosen pflegen heute gutnachbarliche, freundschaftliche Beziehungen. Doch wie Reisende aus anderen Ländern neigen auch wir dazu, Beobachtungen im Nachbarland vor dem Hintergrund unserer heimischen Erfahrungen zu sehen und damit leicht falsche Schlüsse zu ziehen. Das gilt besonders dann, wenn wir die andere Sprache nicht beherrschen und mit den Lebensgewohnheiten des Gastlandes wenig vertraut sind. In diesem Sinne will die *Gebrauchsanweisung* mehr als nur praktische Tips geben, wie sie im Reiseführer stehen. Sie kann auf die Erklärung von Formalitäten weitgehend verzichten, weil sie ohnehin problemlos geworden sind. Sie will den Zugang zum Land und zu seinen Bewohnern erleichtern. Sie will Wissen über das Nachbarland vermitteln, um Pannen vermeiden zu helfen, und den Leser dabei unterstützen, Beobachtungen richtig zu verstehen. Sie will dazu anregen, Frankreich mit seinen eigenen Maßstäben zu messen, weil die von zu Hause mitgebrachten meist zu Fehlurteilen führen. Sie will aber auch überraschen; denn die

Franzosen und ihr Land sind mit Sicherheit anders, als sich das mancher denkt.

Kurt Tucholsky, der keineswegs unkritische Reisende, schrieb über Frankreich am Ende seines *Pyrenäenbuches*: »Du warst gastlich vom ersten Tag an. Du hast niemals den Fremden verspottet, wenn er Vokabeln, Bräuche, Stadtviertel verwechselte. Du hast dich nie gespreizt, du hast dich nie versagt. Wer dich zu suchen ausgeht, kann dich finden.« Wenn die *Gebrauchsanweisung* Ihnen auf dem Weg zu einer ähnlich befriedigenden Frankreicherfahrung hilfreich ist, hat sie ihr Ziel erreicht.

Wehe, wenn sie losgelassen

Das Abenteuer Frankreich beginnt in der Regel auf den Straßen des Landes, und Autofahren in Frankreich ist im wahrsten Sinne des Wortes ein Kapitel für sich. Nicht, daß die Straßen schlechter wären als anderswo. In den siebziger Jahren hat Paris riesige Summen in das Straßennetz investiert, es genügt heute modernsten Ansprüchen. Wenn bis vor kurzem noch in jedem einschlägigen französischen Schulbuch der Satz stand: »Frankreich hat das beste Straßennetz der Welt«, dann war das zwar ein bißchen übertrieben, aber es stimmte insofern, als dieses Netz immer sehr dicht war und alle Wege stets schnurgerade nach Paris führten. Noch heute hat das den Vorteil, daß man im äußersten Norden wie im tiefsten Süden Hinweisschilder in Richtung Paris finden kann. Daß es mit den Querverbindungen nach wie vor nicht immer so gut bestellt ist, trifft zu. Sie sollten nur eines nicht übersehen: Auf diese Weise werden die großen Verkehrsströme an manchen der schönsten Regionen des Landes vorbeigeleitet, die so von der touristischen Invasion verschont bleiben. Wer zum Beispiel die Abgeschiedenheit der Cevennen oder die rauhe Schönheit des Cantal entdeckt hat, der wird dankbar dafür sein, daß man nur über Straßen zweiter und dritter Ordnung in solche Gegenden gelangt.

Doch lassen Sie uns etwas systematischer an die Sache herangehen. Nehmen wir einmal an, Sie kommen über die Autobahn nach Frankreich. Über Zoll- und Paßformalitäten viele Worte zu verlieren, erübrigt sich, da deutsche und französische Grenzbeamte Sie in aller Regel einträchtig durchwinken werden. Wieviel Benzin Sie getankt haben (es ist in Deutschland billiger) oder wie viele Devisen Sie im Koffer einführen, interessiert längst niemanden mehr. Selbst über Waren, die Sie dabeihaben, werden allenfalls noch Routineerkundigungen eingezogen. Die Zeit der endlosen Schlangen bei der Grenzabfertigung dürften Sie kaum mehr erleben. Also dann: *bonne route*! Das ist mehr als eine leichtfertig dahingesprochene Redensart. Nehmen Sie es als ernstgemeinten Wunsch; denn in Frankreich ist die Unfallhäufigkeit um einiges höher als in der Bundesrepublik, bei steigender Tendenz. Da empfiehlt es sich aufzupassen.

Am besten gleich hinter der Grenze, wo Sie auf eine Hinweistafel mit den zugelassenen Höchstgeschwindigkeiten stoßen: 130 auf Autobahnen, 110 auf vierspurigen Fernstraßen, 90 auf Landstraßen und 60 in geschlossenen Ortschaften. Wenn Sie ein paar Kilometer weitergefahren sind, werden Sie schnell erkennen, daß es die Franzosen mit den Tempolimits nicht sehr genau nehmen. Kaum jemand hält sich an die vorgeschriebenen 90 Stundenkilometer auf Landstraßen; auf der Autobahn ist es geradezu ein Volkssport, schneller als 130 zu fahren (wenn auch die notorischen Raser und Lichthuper seltener sind als bei uns).

Doch überlegen Sie sich gut, ob Sie es den Franzosen gleichtun wollen, das Risiko ist schwer kalkulierbar. Wer in eine Radarfalle gerät, muß das schnelle Vergnügen teuer bezahlen (bis zu 800 Mark), im Extremfall mit dem Verlust des Führerscheins. Da kennt die Polizei kein Pardon, auch nicht gegenüber Ausländern. Wer glaubt, sich in solchen Situationen aufs Diskutieren oder Schimpfen verlegen zu müssen, steht von vornherein auf verlorenem Posten. Das läßt sich ein Polizeibeamter von einem Franzosen nicht bieten und von einem Ausländer schon gar nicht. Und ganz unter uns: Er hat völlig recht. Sie werden sehr bald feststellen: Die Autobahn kostet Geld. Sobald das Schild *section à péage* auftaucht, wird's teuer. Paris hat sehr spät mit dem Bau von Autobahnen angefangen. So wurde die zentrale Autobahn von Paris ans Mittelmeer, die Autoroute du Soleil, erst 1970 fertig, die Querverbindung vom Mittelmeer zum Atlantik erst 1982. Da das nötige Geld in der Staatskasse fehlte, wurden Konzessionen an öffentliche und später auch private Bauherren vergeben, die (natürlich nach staatlichen Vorgaben) den Autobahnbau finanzierten und ihre Auslagen über Gebühren wieder vom Benutzer hereinholen. So ist noch heute das gesamte Autobahnnetz gebührenpflichtig, lediglich in der Nähe von Großstädten kostet das Vergnügen nichts.

Ärgern Sie sich nicht, wenn Sie immer wieder anhalten müssen, um Ihren Obolus in einen Automaten zu werfen. Auch nach jahrelanger Benutzung französischer Autobahnen steigt man nicht dahinter, warum das viel praktischere System der Tickets, die man beim Eintritt in den gebührenpflichtigen Abschnitt aus dem Automaten zieht und am Ende einlöst, nicht überall Anwendung findet. Verzweifeln Sie auch nicht, wenn die automatischen Kassen einmal Zwei-Franc-Stücke nicht annehmen, ein andermal Fünfzig-Centime-Münzen verweigern. Das hat nun einmal irgendein sicherlich hochkompetenter Beamter im fernen Paris so entschieden, und Sie werden mit Ärger oder gar Reklamationen nicht das geringste daran ändern.

Noch ein Geheimtip: Irgendwann zum Ferienbeginn

streiken in der Regel die Kassierer in den Mauthäuschen, weil sie zuwenig verdienen, eine bessere Sitzgelegenheit wollen oder ihre Mittagspause für zu kurz halten. Das sind die schönsten Tage im Jahr für Frankreichs Autofahrer, weil sie dann gebührenfreie Fahrt haben. An Ihnen ist es allerdings zu entscheiden, ob Sie so lange auf gepackten Koffern sitzen wollen, bis Sie von einem solchen Streik hören ...

Die Verkehrsregel, die Sie während Ihrer Frankreichreise auf gar keinen Fall vergessen dürfen, heißt: rechts vor links. Das gilt für große und für kleine Straßen, für Stadt- und für Kreisverkehr. Wo die Vorfahrt nicht ausdrücklich anders geregelt ist, hat immer der von rechts kommende Verkehrsteilnehmer Vorfahrt. Eine Selbstverständlichkeit? Nur auf den ersten Blick. Sie werden sich erst daran gewöhnen müssen, daß aus irgendeiner bescheidenen Seitenstraße ein Auto auf die Kreuzung zugerast kommt und Ihnen (völlig zu Recht) die Vorfahrt nicht überläßt. Gerade im Stadtverkehr muß man wie der Teufel aufpassen, um nicht in der trügerischen Meinung, auf einer Hauptstraße zu fahren, eine Karambolage zu riskieren. Hier gilt: Wer nicht aufpaßt, ist selber schuld.

An manchem Kreisel führt das starre Prinzip »rechts vor links« zu geradezu absurden Situationen. Stellen Sie sich einmal die Place de l'Etoile in Paris vor, wo ein Dutzend verkehrsstarke Avenuen auf den Triumphbogen zuführen. Fast täglich bricht hier der Verkehr zusammen. Wer einmal im Kreisel steckt, kommt dann nicht mehr heraus, weil ja die Zufahrt zum Kreisel Vorfahrt hat und der Verkehr sich damit selbst blockiert. Vor ein paar Jahren wurde das geheiligte Rechts-vor-links-Prinzip zumindest eingeschränkt. Seitdem existiert die Möglichkeit, dem Kreisel die Vorfahrt einzuräumen, also nicht mehr der Zufahrtsstraße. Doch trotz der weisen Erkenntnis »Vorfahrt von links leert den Platz, Vorfahrt von rechts füllt ihn auf« ist die neue Regelung eine relativ seltene Ausnahme geblieben und wird in jedem Fall durch Hinweisschilder deutlich angezeigt. Bis an der Place de l'Etoile die Verkehrsregeln geändert werden, wird es ohnehin etwas länger dauern. Ohne eine kleine Revolution wird das nicht gehen, schließlich muß erst die ganze Nation umdenken.

Was französische Autofahrer an der neuen Regel wohl am meisten stört, ist die Erfahrung, daß sie nun nicht mehr einfach drauflosfahren können, wie es doch das Recht eines jeden Autofahrers ist. Dies ist ein Punkt, der Ihnen bald auffallen wird: Franzosen fahren nicht unbedingt rücksichtslos, aber ausgesprochen selbstsicher. Wo immer ein Meter Platz ist, wird er okkupiert, auch wenn damit die Kreuzung endgültig verstopft ist. Autofahren ist eine Art Selbstbehauptung bis hin zum Überlebenskampf, bei dem nicht unbedingt der Stärkere, aber in jedem Fall der Selbstbewußtere siegt. Die Rücksichtnahme am Steuer haben die Franzosen nicht erfunden. Jeder fährt für sich alleine, den Blick nach vorn gerichtet, bestenfalls noch im Bilde, was auf der rechten Seite passiert. Was sich hinter dem eigenen Kofferraum abspielt, ist völlig uninteressant.

Es wäre sicher falsch, Ihnen Angst vor den französischen Autofahrern zu machen. Ein paar Hinweise auf ziemlich typische Unarten können jedoch nicht schaden. So werden Sie häufig dem Verkehrsteilnehmer begegnen, der, in der felsenfesten Überzeugung, die Straße gehöre ihm (und nur ihm allein), ungeniert in der Straßenmitte auf Sie zusteuert und selbstverständlich erwartet, daß Sie ausweichen. Nicht etwa, weil Sie mit einem ausländischen Nummernschild durch die Gegend fahren, sondern weil der Verkehr – siehe oben – ein Mittel der Selbstbehauptung ist. Wenn Sie gute Nerven haben, halten Sie am besten dagegen, Auge um Auge, denn der entgegenkommende Fahrer kalkuliert ja ein, daß er im letzten Augenblick ausweichen muß. Es sei denn, er gehört zu jener Spezies, die einfach aus Dummheit die Straßenmitte einnimmt. Bis Sie das gemerkt haben, dürfte es allerdings zu spät sein. In die gleiche Kategorie gehören die Kurvenschneider, von denen es verblüffend viele im Lande gibt. Motorradfahrer tun ohnehin so, als stehe es ihnen allein zu, die Straße zu befahren – aber das ist nichts typisch Französisches. Typischer ist schon, daß viele glauben, sie brauchten sich nicht an Fahrbahnmarkierungen zu halten, könnten beliebig die Spur wechseln, aus Kolonnen ausscheren, möglichst bei Rot noch über die Kreuzung preschen und Jagd auf Fußgänger machen. Es gibt höfliche und zuvorkommende Franzosen, man sollte sie aber nicht auf den Straßen des Landes suchen. Ein bescheidener Tip: Fahren Sie, wenn immer es geht, zur Essenszeit, da sind die Straßen leergefegt, weil der Genuß bei Tisch dem Franzosen mehr bedeutet als ein erfolgreich überstandenes Rodeo auf der Route Nationale.

Wer eines der letzten Abenteuer unserer Tage sucht, sollte sich getrost in den Pariser Verkehr stürzen, am besten zur Rush-hour. Etwa als Fußgänger. Es dürfte kaum eine Weltstadt geben, in der die Fußgänger in ähnlichem Maße als Freiwild gelten wie rechts und links der Seine. Kein Autofahrer ist verpflichtet, am Zebrastreifen zu halten, und keiner käme auch nur im Traum auf diese Idee. Wer einmal versucht hat, zu Fuß die Place de la Concorde zu überqueren, an der es keine einzige Fußgängerampel gibt, der weiß ein Lied von der

Rücksichtslosigkeit zu singen, mit der hier Auto gefahren wird. Es gibt immer noch Leute, die behaupten, die Pariser seien die besten Autofahrer der Welt. Das kann nur stimmen, will man darunter die Fähigkeit verstehen, Aggressionen auszutoben.

Gelegentlich geistert durch deutsche Köpfe die idyllische Vorstellung, bei Verkehrsstaus ließe der Pariser einfach sein Vehikel stehen, um im nächsten Bistro seelenruhig einen Kaffee zu trinken und die Zeitung zu lesen. Weit gefehlt! In solchen Situationen ist ein wütendes Hupkonzert fällig, begleitet von der Beschimpfung eventuell anwesender und natürlich ohnmächtiger *flics*. Und wenn man sich in Frankreich keinen Vogel zeigt, dann gibt es doch genügend andere Gesten, die keineswegs auf gute Erziehung schließen lassen. Sie können sich ja gelegentlich von Freunden den *bras d'honneur* vorführen lassen...

In Paris gilt außerdem: Wer bei Gelb vor der Ampel hält, dem ist nicht zu helfen. Die Gelbphase ist ungewöhnlich lang und vergrößert damit die Versuchung, sie zu ignorieren. Warum sie beim Anfahren dagegen völlig fehlt, werden Sie bald selbst erklären können. Typisch für Paris auch dies: Es werden immer mehr Bus- und Taxispuren eingerichtet. Sie dürfen sie nicht benutzen, das ist völlig klar, Sie werden sich aber ständig über Autofahrer ärgern, die sich nicht um das Verbot scheren – und letztlich selbst versucht sein, es genauso zu halten. Sie müssen wissen, daß Sie bei diesem kurzen Spaß leicht ein paar hundert Mark loswerden können und zudem manchen Pariser mit der schwierigen Frage konfrontieren, warum germanische Disziplin nicht mehr das ist, was sie einmal war.

Am rücksichtslosesten wird der Kampf um Parkplätze ausgetragen – und das nicht nur in Paris. Da bleibt kaum Zeit, rückwärts in eine Lücke zu stoßen, ohne daß sich nicht schon jemand hineingemogelt hat. Beschwerden sind sinnlos und arten laut Polizeibericht nicht selten in Handgreiflichkeiten mit gelegentlichem Einsatz von Schußwaffen aus. Wer zuerst kommt, parkt zuerst. Vielleicht fährt der Glückliche schon eine halbe Stunde ums Quadrat und kann nun gar nicht anders, als seine Großstadtneurose auszutoben. Falls Sie den merkwürdigen Einfall haben sollten, Ihr vermeintliches Recht auf die letzte Lücke mit Hilfe eines *flic* durchsetzen zu wollen, so wird er Ihnen bestenfalls bedeuten, er habe Wichtigeres zu tun – womit er zweifellos recht hat.

Diese Einstellung gilt sogar für Verkehrsunfälle. In Frankreich wird nach der äußerst vernünftigen Faustregel verfahren: Polizei kommt nur bei Personenschaden an den Unfallort, andernfalls einigen sich die am Geschehen Beteiligten untereinander. Um dieses heikle Geschäft zu erleichtern, gibt es die Einrichtung des *constat amiable* (einvernehmliches Protokoll). Jeder Autofahrer hat dieses vorgedruckte Formular im Handschuhkasten, jede Versicherung erkennt es an, wenn es mit zwei Unterschriften versehen ist. Selbst wenn Sie nur wenig Französisch verstehen, ist das Ausfüllen zu schaffen. Mit Ihrer Unterschrift gestehen Sie zudem keinerlei Schuld am Unfall ein, und erfahrungsgemäß wird Ihre Versicherung zu Hause den einverständlich ausgefüllten *constat* als Grundlage für die Regelung des Schadenfalles akzeptieren. Am besten füllt man das Formular im nächsten Café aus. Diese gute Sitte hat sich gehalten, und Sie werden schnell merken, daß die Aggressionen verflogen sind, sobald es erst einmal gekracht hat. Diese angenehme Seite des französischen Autofahrers hängt wohl damit zusammen, daß ein Pkw kein Kultgegenstand ist, sondern ein Fortbewegungsmittel. Schnell soll ein Auto sein, bequem und gegebenenfalls familiengerecht, damit sich Hund und Kinder mühelos verstauen lassen. Ob das Vehikel ein paar Beulen mehr oder weniger aufweist, läßt seinen Besitzer gewöhnlich kalt. Sollten Sie die Angewohnheit haben, wegen jeder Delle oder Schramme in die Reparaturwerkstatt zu fahren, dann kommen Sie besser erst gar nicht mit dem Auto nach Frankreich. Wenn Sie zu Hause den Staatsanwalt bemühen, sobald Ihre Stoßstange von einem Unbekannten beim Einparken verkratzt wird, dann müssen Sie sich gehörig umstellen. Für einen Franzosen kommt das Wort Stoßstange nämlich von stoßen, er läßt ohnehin meist die Handbremse offen, damit andere Verkehrsteilnehmer sich durch gar nicht immer sorgsames Hin- und Herbugsieren ein bißchen Parkraum verschaffen können.

Was Ihnen mit Sicherheit einen Schreck einjagen wird, ist der jämmerliche technische Zustand so manchen Automobils. Schrammen und Beulen, so werden Sie sich sagen, sind Geschmackssache, Rost ist schon bedenklicher, aber wenn erst die Rücklichter fehlen oder der Blinker nicht funktioniert, dann wird Ihr TÜV-geprüftes Bewußtsein rebellieren. In der Tat stimmt hier etwas nicht: Bei 20 Prozent der an tödlichen Unfällen beteiligten Autos werden alljährlich beträchtliche technische Mängel festgestellt. Doch so etwas wie einen TÜV gibt es in Frankreich nur für Taxis und Busse. Warum, darüber an anderer Stelle mehr. Vorerst fahren viele Vehikel in beängstigendem Zustand durchs Land und versagen häufig genug den Dienst, wie ein Blick auf die Standspur der Autobahnen belegt. Der Staat macht das Spiel auf wundersame Weise mit: Mit steigendem

Auch er ist Franzose: Gendarm

Alter des Pkw sinkt die Kfz-Steuer. Warum sollte man da seinen fahrbaren Untersatz nicht ausnutzen, bis er endgültig zusammenbricht?

Noch ein Wort zum Umgang mit den Ordnungshütern, die Ihnen in unterschiedlicher Form (und Uniform) begegnen können. Wenn Sie einen Strafzettel (in Frankreich »Schmetterling« genannt) unterm Scheibenwischer finden, dann brauchen Sie ihn ja nicht demonstrativ in die Gosse zu werfen, das könnte Ärger geben. Aber bezahlen müssen Sie ihn auch nicht. Mit Ihrer ausländischen Zulassungsnummer sind Sie vor Strafverfolgung so gut wie sicher, das würde für die französischen Behörden den Aufwand nicht lohnen. Es kommt nicht von ungefähr, daß viele Ausländer, die nach Frankreich ziehen, ihre heimische Autonummer so lange wie möglich (und länger als erlaubt) behalten, nur um unbehelligt parken zu können. Eine Verwarnung für die abgelaufene Parkuhr kostet nämlich schon 50 Mark – dafür könnten Sie sich ein ordentliches Mittagessen leisten, alles inbegriffen. Bei allzu dreistem Abstellen des Fahrzeugs gibt es allerdings kein Pardon, da werden Sie wie jeder Einheimische unnachsichtig abgeschleppt.

Neuerdings müssen Sie auch mit einem Bußgeld von 70 Mark rechnen, wenn Sie oder Ihr Beifahrer den Sicherheitsgurt nicht angelegt haben. Gurtzwang gilt für alle Straßen, von der Autobahn bis zum Feldweg, zu jeder Tages- und Nachtzeit, ist jedoch auf die Vordersitze beschränkt. Werden Sie erwischt, gibt es kein Entrinnen, so daß prompte Barzahlung anzuraten ist, wenn Sie zeitraubende Komplikationen vermeiden wollen. Generell gilt: Ein Polizist, den Sie um Hilfe bitten, wird alles Erdenkliche tun, um Ihnen aus der Patsche zu helfen. Es trifft auch nach wie vor zu, daß weiblicher Charme ein drohendes Unwetter manchmal abwenden kann. Der *gendarme* auf einer Landstraße oder Autobahn oder der *flic* in der Stadt, der einmal ernstlich böse mit Ihnen ist, läßt sich mit demonstrativer Zerknirschtheit am ehesten besänftigen. Diskutieren, zumal in unzulänglichem Französisch, lohnt sich nicht. Die Staatsautorität verträgt keinen Widerspruch. Zeigen Sie, wie gut Sie erzogen sind, und wenn Sie oft genug *Oui, Monsieur le Commissaire* stammeln, haben Sie die besten Chancen, sich mit Anstand aus der Affäre zu ziehen.

Zum Schluß noch eine Warnung: Vergessen Sie nicht, daß es in Frankreich genau wie anderswo (und vielleicht ein bißchen mehr) Autoknacker gibt. Nach der amtlichen Versicherungsstatistik fanden 1985 fast 500 deutsche Autofahrer eines schönen Morgens oder Abends ihre Benzinkutsche nicht wieder vor. Nur die Italiener meinten es mit 650 geklauten Autos noch schlechter mit den Besuchern aus Germanien. Klar, daß bestimmte Nobelmarken oder Sportmodelle besonders begehrt sind. Wenn Sie die Photoausrüstung auf dem Rücksitz, Reisepaß und Scheckkarte im Handschuhfach liegenlassen, sind die Diebe natürlich besonders glücklich. In der Regel dürfen Sie sich nur keine Hoffnung machen, das alles je wiederzusehen. Ihr Porsche oder Golf GTI landet wahrscheinlich via Beirut irgendwo im Nahen Osten oder in Afrika, Ihre Papiere bringen auf dem Schwarzmarkt unter Ganoven gute Preise. Ihnen bleibt nur der Gang zum nächsten Polizeirevier, wo Sie vielleicht der zehnte Geschädigte des Tages sind, und der schwache Trost, dank provisorischer Ersatzpapiere wenigstens die Heimreise antreten zu können – mit welchem Verkehrsmittel auch immer.

Sterne für ein Mißverständnis

Zuerst die gute Nachricht: Essen und Trinken gehören für die Franzosen immer noch zum Schönsten, was das Leben bieten kann; sie nehmen beides entsprechend ernst und kultivieren es bis zur Kunst. Nun die schlechte Nachricht: Wenn Sie nicht gerade auf Spesen reisen oder im Lotto gewonnen haben, werden Sie sich kaum in Drei-Sterne-Tempeln der Gastronomie herumtreiben, auch nicht in der Kategorie darunter, und werden wohl oder übel die Erfahrung machen, daß der Kult um *la cuisine française* im Grunde ein grandioses Mißverständnis ist. Anders gesagt: Auch in Frankreich gibt es gute und schlechte Restaurants, teure und preiswerte, und auch in Frankreich ist teures Essen nicht immer gut, preiswertes nicht immer schlecht. Um Ihnen noch die letzte Illusion zu nehmen: Die Franzosen geben selber immer weniger Geld für die Ernährung aus. 1960 machte der Posten »Essen und Trinken« noch 42 Prozent ihres Haushaltsbudgets aus, 1970 noch ein Viertel. Jetzt sind es nur noch 20 Prozent, kaum mehr als die 17 Prozent der deutschen Durchschnittsfamilie.

Dennoch: In einem französischen Haushalt hat Essen nach wie vor einen höheren Stellenwert als in seinem deutschen Pendant. Ein kaltes Abendbrot beispielsweise, wie Sie es vielleicht gewöhnt sind, würde der Franzose verschmähen; er erwartet selbstverständlich eine komplette warme Mahlzeit mit mehreren Gängen, darunter das unentbehrliche Stück Fleisch. Das hat die Hausfrau mit Sachverstand unter dem reichhaltigen Angebot ausgewählt, der Metzger hat es liebevoll zurechtgeschnitten und vorbereitet. Da die Käuferin genau weiß, was sie will, wird sie entsprechend sorgfältig bedient. Was deutsche Metzger nur allzuoft ihren Kunden verkaufen, wäre in Frankreich mit Sicherheit die Ursache für leere Geschäfte. Auch bei Gemüse, Obst oder Fisch legen die Franzosen höchsten Wert auf Qualität und Frische, beim Händler an der Ecke wie im Supermarkt. Auf jedem Markt können Sie das mühelos bei einem Spaziergang nachprüfen. Kostbarkeiten von Trüffel bis Champagner können sich die meisten Franzosen allerdings kaum mehr leisten, die gibt's nur an Festtagen. Für viele haben auch Restaurantbesuche Seltenheitswert. Die Haute Cuisine (genau wie die Haute Couture) wird immer unerschwinglicher und exklusiver, der Rest aber lebt von verblichenem Ruhm oder falschem Glanz, so daß es zu Hause allemal besser schmeckt.

Doch lassen Sie uns vor dem Abstieg in den gastronomischen Alltag erst einen Blick auf den Olymp werfen, dorthin, wo es keine Banausen gibt, die sich lediglich um der Ernährung willen an den Tisch setzen. »Die Küche, wenigstens wie sie in bestimmten, von Frankreich angeführten Ländern verstanden wird, ist eine Kunst.« So stand es Wort für Wort in einem Bericht, den die Pariser Regierung 1985 zum Thema »Förderung der kulinarischen Künste« anfertigen ließ. Hinter solchen Überzeugungen steht jahrhundertealte Tradition (der kundige Franzose würde eher »Genie« sagen). Wer könnte sie besser versinnbildlichen als das Pariser Drei-Sterne-Restaurant La Tour d'Argent, gleichermaßen Symbol für Tradition, Luxus und feinste Küche. Das

Etablissement am Seine-Quai mit dem einzigartigen Blick auf Notre-Dame entstand 1582, zur Zeit König Heinrichs III., als vornehme Leute gerade anfingen, sich bei Tisch einer Gabel zu bedienen. Zur Vierhundertjahrfeier fand sich bei vier historischen Diners die französische Prominenz zu rauschenden Festgelagen ein. Immerhin seit 1890 steht das Gericht auf der Speisekarte, das so etwas wie ein Wahrzeichen geworden ist: Caneton Tour d'Argent.

Claude Terrail, der Chef des Hauses, leitete die Schilderung der (keineswegs geheimen) Zubereitung so ein: »Zweifellos wissen Sie, daß es zur Ausführung dieses Rezeptes notwendig, was sage ich: unerläßlich ist, mit äußerster Sorgfalt eine schöne Ente von sechs bis acht Wochen und schönem Gewicht auszuwählen. Die unseren werden in der Vendée aufgezogen, setzen nach genau bestimmten Verfahren Fett an und werden während ihrer letzten zwei Wochen besonders überwacht. Grausames Detail: Die ›Auserwählte‹ wird durch Ersticken getötet, damit sie ihr Blut behält.« Weiter geht es dann etwa so: Nach zwanzig Minuten in der Bratröhre wird die Ente dem Gast am Tisch präsentiert, vor seinen Augen zerlegt. Während Flügel und Keulen zum Braten zurück in die Küche wandern, die Brustfilets beiseite gelegt werden, kommt der um Haut und Leber reduzierte Rest in die berühmte Entenpresse, um blutigen Saft für ein feines Sößchen zu gewinnen. Etwa 25 Minuten schmoren dann die Filets auf einem Rechaud in der Sauce. In einem ersten Gang werden schließlich die Filets in Sauce serviert, im zweiten die gebratenen Keulen. Kann es da noch erstaunen, daß es zur Erinnerung an die Zelebrierung des Entenopfers eine numerierte kleine Urkunde gibt? Franklin D. Roosevelt zum Beispiel verspeiste die Ente Nr. 112511, Humphrey Bogart und Lauren Bacall die Nr. 280101 und der Autor die Nr. 586050.

Können und Kunst, Schau und Schickeria gehören in Frankreich gleichermaßen zur verfeinerten Form der Nahrungsaufnahme. Da versteht sich von selbst, daß es einer Tragödie gleicht, wenn etwa ein Restaurant der Spitzenklasse (wie 1952 die Tour d'Argent) seinen dritten *Michelin*-Stern, die höchste aller erdenklichen Auszeichnungen, verliert. Verständlich auch, daß in einem solchen Land die Frage zum Glaubenskrieg ausartet, ob die Nouvelle Cuisine, die Neue Küche, nun eine geniale Neuerung oder nur ein genialischer Bluff war. Klar, daß es zum Pariser Stadtgespräch wird, wenn (wie im Frühjahr 1985) der absolute Spitzenkoch Alain Senderens sein kleines, exklusives Archestrate verläßt, um im feudalen Lucas-Carton neben der Madeleine für noch mehr Geld noch kleinere Portionen zu bieten. Französisch mutet es schließlich an, daß die meisten männlichen Stars der Branche mitleidig lächelnd auf die vorzüglichen Köchinnen herabblicken und die ihre arroganten Kollegen als Gockel mit einer Phallus-Kochmütze auf dem Kopf verhöhnen.

Der Kult um Essen und Trinken treibt die sonderbarsten Blüten. Vor Jahren war es plötzlich große Mode, daß ein paar der bekanntesten Köche der Nation ihren Namen für Konserven, Alkoholisches, Wurst und sogar Tiefkühlkost hergaben. Im Pariser Delikatessengeschäft Fauchon, dem unangefochtenen Spitzenreiter der Branche, tauchten Produkte mit der Aufschrift »Ausgewählt von Paul Bocuse« auf. Gleich nebenan eröffnete Drei-Sterne-Koch Michel Guérard einen schicken Laden mit dem Namen Comptoir Gourmand. Sogar in Supermärkten gab und gibt es von der Marmelade bis zur Ölsardine fast alles, was einer aus der Zunft der Kochkünstler für gut befunden und mit seinem Namen geadelt hat. Ein plumper Trick, wie sich mittlerweile herumgesprochen hat. So wurde Ende 1983 der geschäftstüchtige Michel Guérard von der Strafkammer Lyon wegen irreführender Werbung zu einer Strafe von 10000 Francs verdonnert, weil er sich mitnichten um die Auswahl der in seinem Luxusladen angepriesenen Produkte kümmerte. Sie waren ordinäre Massenware aus industrieller Produktion, lediglich durch den Namenszug des Meisters veredelt und natürlich eindrucksvoll verteuert. Die Comptoirs des Monsieur Guérard überlebten den harten Schlag der Demaskierung nicht...

Doch all das mag ein wichtiger Teil französischer Lebenskunst oder gar Kultur sein, typisch für den Durchschnittsbürger ist es nicht. Jeder zweite Franzose nimmt sich heute an einem Arbeitstag lediglich eine halbe Stunde Zeit fürs Mittagessen. Das statistisch ermittelte Lieblingsgericht des französischen Essers ist an Einfachheit kaum zu überbieten: das *gigot-flageolets*, ein Stück Lamm mit Bohnenkernen. Auch der zweite Renner, das *steak-frites*, also ein gebratenes Steak mit Pommes frites, darf wohl kaum als Ergebnis feiner Kochkunst gewertet werden. Und was vor Jahren noch undenkbar war: Es ist beileibe keine Schande mehr, ein Stück Fleisch oder grüne Bohnen aus Gefrierfach oder -truhe zu holen. Mehr als jeder zweite französische Haushalt ist heute damit ausgestattet. Im übrigen steht der Feind der feinen Küchenkünste längst mitten im Land. Seit 1972 das erste McDonald's in Paris seine Pforten öffnete, hat die Boulettenbranche erbarmungslos expandiert. Eine Invasion von Snacks, Pubs und Fast Foods hat ganz Frankreich überschwemmt. Die

Spezialitäten aus allen Provinzen: in einer Charcuterie

SAUCISSE DE TOULOUSE
16F95
SAUCISSON DE CEVENNES
SEC
MERGUEZ

Zahl der Loveburger-, Asterixburger- und Hamburger-Schuppen ist von 50 (1979) auf über 800 angewachsen. Dazu gehören heute auch die zahlreichen *briocheries* und *croissanteries*, eine Art Schnell- und Minibäckerei, die zu jeder Stunde frische Backwaren, vom Hörnchen bis zur Mini-Pizza, feilbieten.

Nun denken Sie vielleicht, die Konkurrenz durch Schnellrestaurants sei eine Herausforderung und somit ein Ansporn für die Klassiker der Branche. Mitnichten! Immer mehr gilt, daß der Ruf der französischen Gastronomie besser ist als ihre Restaurants. Hier sind vor allem die Tausende namenloser Gaststätten gemeint, aber auch Häuser, die Sie mitunter im Führer finden, wo ein Essen zum riskanten Abenteuer geraten kann. Vor einigen Jahren veröffentlichten Henri Gault und Christian Millau, zwei der gefürchtetsten und meistgelesenen Restaurantkritiker im Lande, ein Buch, das keine Adressen für Gaumenfreuden preisgab, wohl aber auf der ersten Seite die Telefonnummer des in Paris für Vergiftungen zuständigen Krankenhauses. Kein makabrer Scherz, wie der Titel des Buches zeigte: *Herr Ober, eine Tragbahre*! Die Autoren nannten darin beim Namen, womit die französische Küche nach ihrer Beobachtung zu kämpfen hat: mit Bazillen, Schimmelpilzen, Maden, Kakerlaken, Kellerasseln – und sogar Ratten.

Eine Leseprobe: »Vor einigen Tagen gehe ich in der Rue Mouffetard zwischen zwei Reihen griechischer Tavernen spazieren, die ihre einheimische Musik und ihren aufdringlichen Geruch von gegrillten Ferkeln auf das Trottoir ausspucken, und halte einen Augenblick vor einer der 20 oder 30 Vitrinen, die alle gleich aussehen und den ganzen Tag lang alte Fische und blaß gewordene Salate zur Schau stellen. Während ich voller Neugier meine verstohlene, ziemlich zurückhaltende

Inspektion vornahm, war eine Ratte (eine kleine Ratte, gewiß) dabei, in aller Ruhe an den Gambas herumzufressen.« Nichts gegen Griechen, sagen die Autoren, in den französischen Töpfen lauern ähnliche Gefahren: »Millionen Menschen... laufen jeden Tag Gefahr, eine Mayonnaise zu schlucken, die Bakterien als Nährboden dient, ein verdorbenes Hühnchen, ein mörderisches Crème-Gebäck; Milliarden von Schaben laufen frei in den Küchen herum, Tausende von Halsentzündungen, Furunkeln, Fingernägeln mit Trauerrand, die mit unseren Speisen in Berührung kommen, beschwören die Gefahr von Verdauungsproblemen, unerklärlichen Erschöpfungszuständen, unruhigen Nächten und Brummschädeln am nächsten Morgen herauf, von schwerwiegenden oder gar tödlichen Vergiftungen ganz zu schweigen.«

Selbst wenn Sie kein ausgeprägter Feinschmecker sind, wird Ihnen auffallen, daß sogar in Restaurants der gehobenen Preisklasse manches im argen liegt: schlechter Service, gammeliges Brot, Sand im Salat, bedrükkende Enge. Vielleicht stört Sie auch die permanente Musikberieselung, der Plastik-Rhododendron mit Staubauflage, die Duftschwade aus der Toilette. Doch lassen Sie sich nicht entmutigen, der Ausflug in die französische Gastronomie wird nicht gleich auf der Tragbahre enden...

Natürlich haben Sie jetzt Anspruch auf eine Entscheidungshilfe, bevor Sie sich an den (möglicherweise falschen) Tisch setzen. In Frankreich gibt es rund 120000 Restaurants, darunter unzählige Griechen, Vietnamesen, Italiener, Nordafrikaner. Am besten sind natürlich die Tips von Freunden (zumal Sie dabei immer wissen, an wen Sie sich bei einem Reinfall der geschilderten Art zu halten haben). Gerade in Paris hat jeder eine Liste mit »seinen« Adressen. Die hat auch jeder Wahlpariser, schon um mitreden zu können. Denn über nichts wird lieber geredet als über die neueste Restaurantentdeckung. Essen gehen wird zum regelrechten Planspiel. Der Vorteil solcher Empfehlungen ist, daß da kaum die großen Namen weitergereicht werden. Jeder hat seine Lieblingsadressen, wo er bekannt ist, wo sich möglicherweise auch eine Empfehlung als nützlich erweist. Also: Vertrauen Sie Ihren Freunden vor Ort.

Und wenn Sie ganz fremd sind? In Frankreich wartet eine ganze Heerschar von Freßkritikern darauf, Ihnen den Weg zu weisen. Von den beiden Herren Gault und Millau war bereits die Rede. Unablässig verbreiten sie sich über alles, was mit Essen und Trinken zu tun hat. Viele halten sie für die Erfinder oder zumindest erfolgreichen Propagandisten der Neuen Küche. Ihr jährlicher Restaurantführer, der *Gault Millau* (den es jetzt auch auf Deutsch gibt), war lange so etwas wie die Bibel für Jünger der Nouvelle Cuisine, gewissermaßen das Neue Testament unter den Restaurantführern. Dabei ist den beiden das Geschäft so über den Kopf gewachsen, daß sie zahlreiche Hilfskräfte einsetzen müssen, deren Urteil wiederum bei Insidern als parteiisch und nicht absolut unbestechlich gilt. Man muß den *Gault Millau* also zu lesen wissen, er ist eher etwas für Fortgeschrittene.

Auf ganz andere Weise zelebriert jede Woche in der hochseriösen Pariser Tageszeitung *Le Monde* der Kritiker Robert J. Courtine alias La Reynière seine Topfguckerei. Er ist kein Geschäftsmann, eher ein verkappter Literat. Am liebsten schmückt er seine Berichte von der Eßfront mit Zitaten aus den Werken von Schriftstellern wie Balzac, Zola oder Maupassant, die sich ausführlich als Schilderer von Tafelfreuden heranziehen lassen. La Reynière wäre nicht Courtine, wenn ihm nicht auch selber die Beschreibung der erlebten Genüsse zu einem Stück Poesie geriete. Selbst in der Beschreibung wird Essen dann noch zur Kunst. Das ist amüsant zu lesen, für einen ausländischen Besucher aber ein bißchen Kunst um der Kunst willen – und das um so mehr, als La Reynière häufig die Preise vergißt und über seine Freunde unter den Gastronomen ausschließlich Positives berichtet.

Da bleibt als Empfehlung immer noch der rote *Michelin*-Führer für Restaurants und Hotels. Er gilt nach wie vor als der unbestechlichste unter den käuflichen Ratgebern. Der *Michelin* hat in den dreißiger Jahren das Sterne-System erfunden, drei *Michelin*-Sterne sind die absolute Krönung einer Koch-Karriere. *Michelin*-Mitarbeiter (ihre Zahl wird geheimgehalten) legen bei ihren Testreisen größten Wert auf ihr Inkognito, geben sich also nie zu erkennen, zahlen und verschwinden. Alles, was man von ihnen weiß, ist, daß sie allesamt Fachleute aus der Küchen- und Hotelbranche sind. Der *Michelin* 1986 für Frankreich wurde mit 700000 Exemplaren aufgelegt, und damit ist er unschlagbar. Auch wenn er etwas konservativ und unbeweglich im Urteil ist, zudem übertriebenen Wert auf Äußerlichkeiten wie Ausstattung und Gedeck legt, so ist er doch eine Institution, an der man nicht vorbeikommt, wenn man halbwegs zuverlässige Tips (und nicht nur in der teuersten Kategorie) sucht. Noch eins: Bei Restaurants, die im *Michelin* oder einem der anderen Führer gut wegkommen, empfiehlt sich meist eine telefonische Reservierung. Das erledigt im Zweifelsfall die Frau oder der Mann am Hotelempfang gerne für Sie. Vergessen Sie dabei aber nicht, daß es fast aussichtslos ist, mittags vor halb eins und nach zwei sowie abends vor acht Uhr etwas Eßbares auf den Teller zu bekommen.

Auf jeden Fall wird es jetzt langsam Zeit, Ihren Hunger zu stillen. Treten Sie ein in das Restaurant Ihrer Wahl – und vermeiden Sie den Fehler, der Sie als Unkundigen ausweist: Selbst wenn das Lokal halb leer ist, dürfen Sie auf keinen Fall auf den nächstbesten Platz zusteuern. In Frankreich wird Ihnen der Platz stets zugewiesen, in besseren Häusern vom *maître d'hôtel*, in einfacheren von der Bedienung. Warten Sie am Eingang, man wird Ihnen zuerst die Garderobe abnehmen und Sie dann zu einem freien Tisch geleiten. Sich zu anderen Gästen an den Tisch zu setzen, ist ein Fauxpas, selbst wenn Sie alleine sind, denn auch beim Essen wird auf Distanz geachtet. Wahrscheinlich überrascht Sie auch, daß Sie nicht nur in schicken Restaurants an einem blütenweiß gedeckten Tisch sitzen, auf dem auch die gestärkten Stoffservietten nicht fehlen. Über die Qualität der Küche, das kann man nicht oft genug betonen, sagt das nichts; es ist jedoch ein angenehmer Teil der Eßkultur.

Mit der Aushändigung der Speisekarte wird Ihnen die erste wichtige Frage gestellt: »Nehmen Sie einen Aperitif?« Damit wird es ernst; denn der *apéro* gehört zu einer kompletten Mahlzeit, und es wird mit Fug und Recht von Ihnen erwartet, daß Sie ein komplettes Menu bestellen, also vom Aperitif über Vorspeise, Hauptgang, Nachtisch und/oder Käse bis zum Kaffee, das Ganze begleitet vom passenden Wein. Nehmen Sie Abschied von der Vorstellung, Sie könnten sich in einem Restaurant an den gedeckten Tisch setzen, um nur eine Kleinigkeit zu verschlingen und dann das Weite zu suchen. Das wäre eine Beleidigung für den Küchenchef, und der Restaurateur käme auch nicht auf seine Rechnung (die

Zeiten, als das Gedeck eigens berechnet wurde, sind lange vorbei). Ein bißchen Zeit müssen Sie also schon mitbringen, der Aperitif hilft Ihnen beim Verkürzen des Wartens. Zu Ihrem Erstaunen werden Sie erleben, daß das Essen auch nicht nach und nach anrollt, also der eine erst anfangen kann, wenn der andere schon fertig ist. Selbst wenn Sie ein Dutzend Tischgenossen sind: Jeder Gang wird für alle gleichzeitig aufgetragen, ganz wie es sich für eine Tischgemeinschaft gehört.

Doch davor steht das Studium der Speisekarte. Sie finden in der Regel eines oder mehrere Menus zu festen Preisen, eventuell auch ein *plat du jour*, ein Tagesgericht. Das sind meist sehr brauchbare Vorschläge, zudem relativ preiswert. Unter Umständen ist auch ein Getränk im Festpreis inbegriffen, da gibt es am Ende keine Überraschung beim Zusammenrechnen. Natürlich können Sie auch *à la carte* speisen, zumal wenn Sie mit den einfallsreichen Namen der Gerichte etwas anzufangen wissen. Dann sollten Sie lediglich darauf achten, ob die Preise netto ausgewiesen sind (*prix nets* oder *service compris*). Ist dies nicht der Fall, müssen Sie im Kopf 15 Prozent Bedienungsgeld addieren, um im Augenblick der Wahrheit, wenn Ihnen die Rechnung präsentiert wird, nicht aus allen gastronomischen Wolken zu fallen.

Doch vorher haben Sie ja noch das Vergnügen, den Wein auszuwählen. Entgegen allen angeblich heiligen Regeln: Ob Rot, Rosé oder Weiß, ist vor allem eine Geschmacksfrage. Wer Fisch lieber mit Rotwein hinunterspült als mit einem Weißen, der braucht sich nicht zu genieren. Er muß nur den richtigen Rotwein finden oder sich vom Kellner empfehlen lassen, dann ist alles erlaubt. Es gibt sogar ausgesprochene Moden bei der Weinwahl, etwa die des gekühlten Rotweins zu Fisch und Geflügel. Vor ein paar Jahren hätte noch jeder Kenner angesichts solcher Vorstellungen die Hände über dem Kopf zusammengeschlagen. Heute werden sogar liebliche Weißweine zu scharfem Käse empfohlen. Bei Tisch ist erlaubt, was gefällt.

Gerade beim Wein wird Ihnen möglicherweise Ihr Budget allzu ehrgeizige Höhenflüge verbieten. Selbst Flaschen, die ein Fachmann als bestenfalls mittelprächtige Qualität erkennt, werden in den Restaurants zu teilweise astronomischen Preisen angeboten. Mittlerweile gilt das leider auch für einfache Provinzrestaurants. Doch es gibt Kompromißlösungen für das Dilemma. Teurere Restaurants bieten zum Beispiel auf der Speisekarte (also zusätzlich zur Weinkarte) zwei, drei preiswertere Weine an, auf deren Qualität man sich gewöhnlich verlassen kann. Außerdem gibt es häufig eine erschwingliche *Réserve du Patron* und vor allem in einfachen Lokalen auch offenen Wein, der natürlich am billigsten ist. Solche Vorzugsangebote haben nur einen Haken: Niemand wird Ihnen zuverlässig sagen, was sich hinter dem Etikett *Réserve* tatsächlich verbirgt oder was Ihnen in einer anonymen Karaffe vorgesetzt wird. Das ist eine Frage des Vertrauens zum *patron*, also Glücksache.

An dieser Stelle sei vor einem weiteren Mißverständnis gewarnt. Was Ihnen zu Hause für meist viel zu teures Geld als französischer Landwein verkauft wird, ist für Franzosen eine mindere Qualitätsstufe. Nur in Ausnahmefällen versteckt sich dahinter der unprätentiöse Tropfen, direkt vom Winzer und deshalb garantiert bekömmlich. Meist sind Landweine eine wenig charakteristische Massenware, mit denen man Sie daheim neppt, nur weil eine geschickte Werbung den *vin de pays* zur Mode erhoben hat. Doch um Sie zu trösten: Möglicherweise ist ein einfacher Roter immer noch bekömmlicher als ein schandhaft teurer Burgunder oder Bordeaux direkt aus dem eiskalten Keller, der (so wollen es Gault und Millau beobachtet haben) gelegentlich in der Backröhre im Schockverfahren auf Zimmertemperatur gebracht wird. Die sicherste Methode: Achten Sie auf die Bezeichnung *Appellation Contrôlée*.

Noch ein Hinweis zum Thema Wein. Sie werden pures Unverständnis beim Ober ernten, wenn Sie nach dem Essen noch ein Fläschchen bestellen, um in Ruhe weiterzutrinken. In Frankreich gehört Wein zum Essen, bei dem Sie sich Zeit lassen, alles andere sieht fast nach Alkoholismus aus. Nach dem Essen gibt's Kaffee, eventuell einen Cognac oder Calvados – und dann die Rechnung. Gerade beim Abendessen steckt dahinter oft eine rein kommerzielle Absicht: der zweite Service. In manchem Restaurant kommt nämlich zwischen 22 und 23 Uhr das hungrige Theater- und Kinopublikum zum *souper*, und wenn Sie dann an ihrem Wein herumsüffeln, hindern Sie den Wirt daran, ein zweites Mal am Abend ein volles Haus zu haben.

Also verlangen Sie die Rechnung, und machen Sie sich auf eine Spezialität französischer Ober gefaßt: Sie werden es so gut wie nie schaffen, gesonderte Abrechnungen zu erhalten, wenn Sie zu mehreren um den Tisch gesessen sind und getrennt zahlen wollen. Aus geheimnisvollen Gründen geht das in Frankreich einfach nicht. Sie können sich jedes Gericht und jede Flasche auflisten lassen, aber auf ein und derselben Rechnung. Da Sie gegen diese Praxis machtlos sind, empfiehlt es sich nicht, lange zu insistieren. Verzichten Sie auf getrennte Abrechnungen, und einigen Sie sich mit ihren

Tischgenossen, wer wieviel vom stolzen Preis übernimmt. Legen Sie das Geld auf das mit der Rechnung präsentierte Tellerchen, der Ober bringt dann das Wechselgeld. Geben Sie noch ein paar Francs Trinkgeld drauf, auch wenn der Service von 15 Prozent immer schon in der Rechnung inbegriffen ist. Vergessen Sie nicht, auch der Garderobenfrau ein Trinkgeld zu geben, und behalten Sie Ihre Begegnung mit der *cuisine française* in guter Erinnerung.

Zu Recht werden Sie jetzt vielleicht fragen: Eßkultur ist ja recht und gut, aber was mache ich, wenn mir weder nach einem kompletten Menu noch nach einer abendfüllenden Veranstaltung zumute ist? Gab es da nicht die vielgerühmten Bistros? So ist es. Für den kleinen Hunger, *la petite faim*, sind die Restaurants nicht das Wahre. Dafür gibt es eine andere Kategorie von Cafés, Brasserien, Bars – die Bistros eben. Was es genau damit auf sich hat, darüber an anderer Stelle mehr. Hier nur soviel: Ein Tagesgericht gibt es da fast immer, außerdem das Sandwich (ein Stück Baguette mit allen möglichen Garnierungen vom Camembert bis zur Leberpastete), natürlich zu jeder Tages- und Nachtzeit Kaffee, Bier und Alkoholika. Fortgeschrittene Bistrobesucher wissen auch, daß es für fast alles zwei verschiedene Preise gibt. Am Tresen, also im Stehen, zahlen Sie weniger für Ihren Espresso, als wenn Sie sich an einen Tisch setzen. Dafür dürfen Sie stundenlang hinter einer Tasse oder einem Glas hocken, ohne daß Sie jemand zum Nachbestellen auffordert. Und als alter Hase legen Sie das Geld für Ihren Kaffee oder Ihr Bier einfach auf den Tisch, bevor sie gehen.

Im Bistro wird übrigens noch viel mehr geboten: Sie können Briefmarken oder Zigaretten kaufen (gelegentlich sogar Brennholz und Kohlen), Pferdewetten abschließen, Telefonieren, die Toiletten benutzen. Falsch ist allerdings die verbreitete Meinung, letztere müßten kraft Gesetzes Passanten unentgeltlich offenstehen. Aber das hat nun mit Essen und Trinken nur noch entfernt zu tun...

Wie man sich bettet...

So manches, was Sie jetzt über französische Restaurants wissen, kann Ihnen auch bei der Wahl des richtigen Hotels helfen. Natürlich finden Sie im ganzen Land so ziemlich alle Varianten von Unterkünften, von der Primitivherberge bis zum Schloßhotel, vom Hotel im internationalen Einheitslook bis zur verträumten Familienpension. Allein in Paris hatten Sie im Sommer 1986 die Wahl zwischen 1291 registrierten Hotels von der Vier-Sterne-Luxus-Kategorie (Zimmerpreis von 1000 Francs aufwärts) bis hinunter zum Ein-Sterne-Etablissement, in dem Sie mit etwas Glück und bei bescheidenen Ansprüchen schon ab 150 Francs übernachten können. Sterne also nicht nur fürs Essen und Trinken, sondern auch fürs Schlafen – und damit auch hier die Möglichkeit zu einem grundsätzlichen Mißverständnis.

Am Eingang zu fast jedem französischen Hotel finden Sie eine blaue, achteckige Plakette mit einer Jahreszahl und einer bestimmten Anzahl der erwähnten Sterne. Letztere haben aber – anders als bei den Restaurants – nichts mit der Einstufung durch irgendeinen Reiseführer zu tun. Sie stehen vielmehr für die amtlich zugeteilte Klassifikation, die jedes Hotel einer Kategorie von einem bis zu vier Sternen zuordnet. Diese Zuordnung erfolgt praktisch ausschließlich nach den reichlich schematischen Kriterien Zimmergröße und sanitäre Ausstattung. So angenehme Dinge wie Service, Möblierung, Komfort, Ruhe bleiben unberücksichtigt, was von den Hoteliers selbst bemängelt wird. Als Orientierungshilfe ist diese amtliche Einstufung jedoch sehr brauchbar – sofern die erwähnte Jahreszahl auf dem neuesten Stand ist. Steht da eine völlig veraltete Zahl oder fehlt sie womöglich ganz, dann ist meist etwas faul.

Das trifft natürlich ebenso auf all die anderen bunten Schilder zu, mit denen sich Hotels – nicht allein – in Frankreich gerne schmücken. Sind die Jahresangaben veraltet, ist das ein schlechtes Zeichen und deutet auf verblichenen Glanz hin. Am besten lassen Sie sich ein oder mehrere Zimmer zeigen, statt auf eindrucksvolle, aber wertlose Schilder zu bauen. Und wenn Sie nach dem Preis fragen: Er gilt stets für das Zimmer, egal ob Sie allein oder in Begleitung übernachten. Im Doppelzimmer zahlt also eine Person genausoviel wie zwei, woraus Sie nicht gleich voreilige Schlüsse über die »typisch französische« Moral ziehen sollten: Wer alleine schläft, ist selber schuld. Das französische System ist einfach logischer als das bei uns gebräuchliche.

Für die Benutzung von Hotelführern gilt dasselbe wie für Restaurantführer, zumal sie ohnehin fast immer zusammengefaßt sind: Es gibt die eher biederen, aber zuverlässigen wie den roten *Michelin* und die leicht extravaganten wie den *Gault Millau*. Daneben existieren in Frankreich eine Reihe von Hotelketten oder losen Zusammenschlüssen von besonders preiswerten, romantischen oder ruhigen Hotels, die ein gemeinsames Verzeichnis herausgeben, das alljährlich auf den neuesten Stand gebracht wird. Pensionen, wie sie in deutschen Ferienorten gang und gäbe sind, haben Seltenheitswert. Dagegen finden Sie in typischen Urlaubsgegenden für längere Aufenthalte ein reiches Angebot an Appartements, Wohnungen oder Häuschen zum Mieten. Sich hier auf Kataloge oder Führer zu verlassen, ist immer ein bißchen riskant – in Frankreich genau wie anderswo.

Wenn Sie etwas absolut Französisches suchen, um Ihr müdes Haupt zur Ruhe zu legen, dann halten Sie nach einem Schloß Ausschau. Das ist kein billiger Scherz, muß auch kein unerschwinglicher Luxus sein. Eine ständig wachsende Zahl ehrwürdiger Gemäuer wird seit Jahren in romantische Herbergen umgewandelt. Das reicht vom rustikalen Herrensitz bis zum Traumschloß mit Uraltmöbeln und modernstem Komfort. Haben Sie Glück, dann bittet Sie vielleicht der Schloßherr abends in die gute Stube, wo er seine Gäste vor einem prasselnden Kaminfeuer um den großen Eßtisch schart, um sie mit solider Kost und ein paar Flaschen aus seinem Weinkeller zu bewirten. Das sind die echten Geheimtips, auch wenn sie mittlerweile schon über Prospekte zu haben sind.

Doch zurück zu den etwas einfacheren Hotels. Schätzen Sie es, über Land zu fahren, ohne Ihre Route Station für Station geplant zu haben, müssen Sie nehmen, was kommt, und das ist selten sehr eindrucksvoll. Denn zum einen bleibt die Mehrzahl der Dorfhotels außerhalb der knapp bemessenen Saison geschlossen; selbst in Ferienorten in der Auvergne oder im Jura kann es Ihnen leicht passieren, daß Sie vor Mitte Mai oder nach dem 15. Septemter vor verschlossenen Hoteltüren stehen. Nur die verrückten Ausländer fahren schließlich in der Vor- und Nachsaison durch die Gegend und suchen nach einer Übernachtungsmöglichkeit.

Sie werden dann häufig mit der für Sie ärgerlichen Frage konfrontiert: *Vous dînez*? Nur, wenn Sie das *dîner*, also das Abendessen, im Hotel einnehmen, bekommen Sie auch ein Zimmer. Der Wirt hat ein Interesse daran, Sie zu verköstigen; denn am Essen verdient er allemal mehr als an der Übernachtung. Daß diese Praxis amtlich verboten ist, stört ihn nicht. Für Sie hat es aber unter Umständen zur Folge, daß Sie sich die mitgebrachte Butterstulle genauso wie das gastronomische Erlebnis im benachbarten Sterne-Restaurant abschminken und mit biederer Hotelkost begnügen müssen, falls Sie überhaupt ein Bett für die Nacht finden wollen.

Provinzhotels sind, sieht man von größeren Städten ab, in neun von zehn Fällen Häuser mit Minimalausstattung. Eines werden Sie fast immer vermissen: ein bißchen Gemütlichkeit. Abgesehen von besonders gepflegten Häusern ist die Einrichtung oft von dubiosem Geschmack, beherrscht von der obligatorischen Blumentapete. Stoßen Sie sich nicht am fleckigen Teppichboden oder an der ewig gleichen, nur in der Farbe wechselnden gerippten Frotté-Tagesdecke, sie gehören einfach zur Standardausrüstung. Und erschrecken Sie nicht über ein Ungetüm, dem Sie möglicherweise noch nie in ihrem Leben begegnet sind: dem Bidet.

Ihr erster Gedanke ist falsch: Dies ist kein Notersatz für das weit entfernt am Ende des Flurs versteckte WC. »Ein zeitsparendes, weil lokal begrenztes Kleinbad« hat Joseph Breitbach in seinem köstlichen Roman *Das blaue Bidet* den Keramiksitz neben dem Waschbecken genannt und seine Herkunft so erklärt: »Das Bidet ist ein Geschenk des Islams an die Menschheit und dank den Mauren nach Sizilien gelangt und über Spanien nach Frankreich. Doch, weil die bei Poitiers besiegten Mauren nicht weiter vordringen konnten, ist es im Norden und Osten Europas unbekannt geblieben.« Es mag vorkommen, daß Sie keine Dusche im Zimmer vorfinden, in jedem Fall aber das Bidet, und unter Umständen ist es ganz hilfreich, wenigstens den Unterkörper mit fließendem Wasser waschen zu können. Doch ganz unter uns: Die meisten Franzosen benutzen das kurioserweise in jedem Badezimmer präsente Bidet auch nur, um die Füße darin zu waschen oder Socken und Slips einzuweichen.

Da wir gerade bei den sanitären Anlagen sind: Sie sind nach wie vor ein anrüchiges Thema. Je weiter Sie nach Süden vorstoßen, desto mehr läßt der Zustand der Toiletten zu wünschen übrig. Dieses eherne Gesetz gilt gleichermaßen für Hotels, Restaurants, Autobahnraststätten und öffentliche Primitiv-WC. Die Zahl der Stehklos hat stark abgenommen, bei denen man sich nach etlichen Verkrampfungen und abschließendem Ziehen der Wasserspülung mit einem Sprung vor der Flut retten mußte. Doch diese simple Einrichtung war zumindest relativ hygienisch. Meist ging nämlich jemand von Zeit zu Zeit mit dem Wasserschlauch durch die Örtlichkeiten und sorgte mit einem Strahl für saubere Verhältnisse. Heute ist die Reinigung etwas aufwendiger, und schon sind auch in sonst gepflegten Häusern die Toiletten unter dem zu erwartenden Niveau. Mancher Restaurant- und Hotelführer täte gut daran, sich bei »Damen« und »Herren« umzusehen, bevor die Küche oder der charmante Service zu überschwenglichem Lob verleiten.

Noch ein Wort zum Mittelpunkt des Hotelzimmers, dem Bett. Es gibt Leute, die behaupten: Wie man sich bettet, so ist man. Danach lägen allerdings Welten zwischen Franzosen und Deutschen. Kein Franzose wird je verstehen, warum in deutschen Doppelbetten in der Mitte eine Ritze klafft, warum man zwei Matratzen auf zwei Gestellen zusammenschiebt und eine Art Trennungslinie läßt. Dem entspricht, daß der deutsche Schläfer sein eigenes Deckbett und sein eigenes Kopfkissen hat, woraus tiefsinnige Denker geschlossen haben, daß der Deutsche sich autonom entwickeln und folglich gesondert einwickeln will, während der Franzose, zentralistisch wie er ist, unter die große Decke schlüpft. So werden Sie im französischen Hotel erst einmal ratlos vor dem typisch französischen Bett stehen. Denn eine Decke ist übergreifend über das breite, ritzenfreie Bett gespannt und an den Enden unter die Matratze gestopft. Folgerichtig nennen die Franzosen das Zubettgehen *glisser dans les draps*, in die Laken schlüpfen. Nur Barbaren reißen mit einem Schwung die Bettdecke unter der Matratze hervor, um sich darin (möglichst noch zu zweit) einzuwickeln. Die Kuhle führt Sie ohnehin zusammen, es sei denn, Sie klammern sich am Bettrand fest. Wie sehr unsere Nachbarn von ihrer Schlafkultur überzeugt sind, zeigt übrigens die Tatsache, daß eine der großen Bettenmarken *Lit National*, also nationales Bett, heißt.

Sie brauchen aber nach dem ersten Schreck keine Angst vor fehlender Bettautonomie und folglich unruhigem Schlaf zu haben. Die französischen Schlafsitten sind nämlich auf dem besten Weg, sich erstaunlich zu internationalisieren. Mögen Sie zum Beispiel die weit verbreitete Kopfrolle nicht, dann finden Sie häufig im Schrank des Hotelzimmers Kopfkissen. Immer öfter greifen die Franzosen auch zu separaten Bettdecken im Doppelbett, sogar in Hotels. Und ganz privat sind schon warme Federbetten Mode geworden, in die sich jeder kuschelt, statt zu zweit unter einer Decke zu stecken.

Wie immer Sie auch geschlafen haben – am nächsten Morgen wartet eine Enttäuschung auf Sie. Denn wenn sich etwas in Frankreich ungefährdet erhält, dann ist es das karge Frühstück. Eine Tasse Milchkaffee, ein Stück Baguette (in der Luxusausführung: ein frisches Croissant), zwei Stück Würfelzucker, eine Miniportion Marmelade und ein Klacks Butter, so sieht die traditionelle Standardausgabe der morgendlichen Nahrungsaufnahme aus. Mehr eine Pflichtübung denn ein aufmunternder Tagesanfang. Dafür wird Ihnen jedes halbwegs funktionierende Hotel in der Stadt oder auf dem Land das Frühstück anstandslos und ohne Aufpreis aufs Zimmer bringen. Gleichsam als Entschädigung dafür, daß die Darbietung selbst eher bescheiden ist, können Sie ihr einen Hauch von Luxus verleihen, indem Sie sie im Bett genießen.

Kommen Sie vor allem nicht auf die Idee, der Service sei mangelhaft, wenn Sie beim Frühstück feststellen, daß der Teller fehlt. Das gehört sich so, weil Sie die Baguette oder das Hörnchen ohnehin wie ein echter Franzose in den Kaffee tunken und man Ihnen ansonsten nichts serviert, wofür Sie einen Teller brauchten. Der fehlende Teller signalisiert Ihnen gewissermaßen, daß Sie Ihre Erwartungen niedrig halten sollen. Frühstück heißt auf französisch nicht von ungefähr *petit déjeuner*; das Wort *déjeuner* selbst, das Mittagessen, bedeutet nichts anderes als »die Nüchternheit beenden«. Wie könnte man da schon vom kleinen Mittagessen, dem *petit déjeuner* nämlich, irgendwelche kulinarischen Genüsse erwarten?

Start mit Hindernissen

Nehmen wir einmal an, Sie kommen mit dem Zug an einem der großen Pariser Bahnhöfe an, sind in Hochstimmung, setzen erwartungsvoll Ihren Fuß auf den Boden der Hauptstadt und wollen Ihren ungeduldig wartenden Freunden mitteilen, daß Sie gut gelandet sind. Kein Problem, in und vor der Bahnhofshalle gibt es genügend Fernsprechzellen, und Telefonieren ist schließlich die einfachste Sache der Welt. Mindestens einen Franc haben Sie bereits zurechtgelegt, weil Sie wissen, daß man zum Telefonieren überall auf der Welt Kleingeld braucht.

Doch ganz so einfach ist das nicht, da haben Sie den Sinn der Franzosen für Fortschritt und Technik unterschätzt. Ausgerechnet die Kabinen, die gerade frei sind, funktionieren ausschließlich mit der *télécarte*, mit Münzen ist da nichts zu machen, so etwas Altmodisches kann man einem aufgeklärten Bürger doch nicht mehr zumuten. Die *télécarte* ist ein praktisches kleines Plastikding, das man in einen Schlitz steckt und von dessen Wert (zum Beispiel vierzig Gebühreneinheiten) genau die Anzahl der Einheiten abgebucht wird, die Sie bei Ihrem Telefonat verbraucht haben. Eine bahnbrechende Idee! Natürlich gibt es ganz in der Nähe einen Schalter, an dem Sie die Wunderkarte kaufen können. Das heißt: Zur Essenszeit oder spät abends sollten Sie nicht ankommen, da sitzt oft niemand hinter der dicken Glasscheibe mit dem von einer Art Cellophan bedeckten runden Loch zum Durchsprechen. In solchen Fällen müssen Sie sich etwas einfallen lassen (etwa Telepathie) oder einfach darauf verzichten, Ihr Mitteilungsbedürfnis zu befriedigen.

Aber nein, Sie haben Glück, Sie werden bedient – und sollen plötzlich mehr als 30 Franc zahlen. Auch für ein simples, kurzes Ortsgespräch? *Oui Madame, oui Monsieur*, Sie müssen die Gebühren auf Vorrat kaufen und dann eben im Laufe Ihres Aufenthalts in Frankreich abtelefonieren! Vorausgesetzt natürlich, daß Sie wieder irgendwo eine Telefonkabine mit dem schmalen Schlitz finden, in den Ihre *télécarte* paßt. Auf dem Land ist das magische Ding zum Beispiel noch eine Rarität, wohl weil dort nicht überall ein Schalter für Gebührenkarten in der Nähe ist, die Essenszeiten zudem erfahrungsgemäß länger sind und natürlich eine kleine Siesta einkalkuliert werden muß. Da lohnt es sich doch, den Franc für den Automaten in der Tasche zu haben.

An über 10000 öffentlichen Telefonzellen geht es übrigens so modern zu, daß Sie gar keine Chance haben zurechtzukommen. Da kann nämlich der kommunikationsbegierige Bürger gleich mit seiner individuellen Kreditkarte zahlen. Das ist nun wirklich das Schickste vom Schicken: ein Plastikkärtchen mit integriertem Mikroprozessor, also einem elektronischen Gedächtnis inklusive persönlichem Code und automatisch abbuchbarem Guthaben. Auch wenn Sie vermutlich von diesem *dernier cri* französischen Fortschritts schon gehört haben, können Sie ihn ohnehin nicht nutzen; Sie müssen sich wohl oder übel auf die Suche nach einem altmodischen Münzfernsprecher machen, den es gottlob noch gibt.

Hoffentlich haben Sie da Ihre Rechnung nicht ohne

die Vandalen gemacht. Denn (so der Stand Ende 1985) die 165 000 Telefonzellen im Lande sind ein magischer Anziehungspunkt für Leute, die schnell zu Geld kommen wollen. Mehr als 200 000mal im Jahr wird eine Kabine ausgeraubt, zerstört oder zumindest beschädigt. Die Post kommt mit den Reparaturen nicht nach, und so ist die Wahrscheinlichkeit, auf ein intaktes Telefon zu treffen, rechnerisch nicht groß.

Da kommt Ihnen die rettende Idee. Haben Sie nicht in der *Gebrauchsanweisung* gelesen, daß man auch in jedem Bistro telefonieren kann? Bistros gibt es zum Glück an jeder Straßenecke, Sie suchen die Aufschrift *Téléphone*, folgen dem Pfeil, landen in der Regel eine Treppe tiefer in einem stickigen Kabäuschen oder in einer zugigen Ecke neben der rauschenden Toilette und stellen fest, daß Sie mit Ihrem Franc-Stück wieder nichts anfangen können. In diesem Fall verkauft Ihnen der Patron ein *jeton*, eine münzähnliche Metallscheibe, die meist ein bißchen mehr kostet als der öffentliche Tarif, oder er drückt nur auf ein Knöpfchen, um Ihnen die Leitung freizugeben. Die Gebühr liest er hinterher an einem Zähler ab. Wenn Sie der Unterwelt dann wieder entstiegen sind, wird es der Mann oder die Frau hinterm Tresen nicht versäumen, Sie auf ein beliebtes Schild mit der Inschrift hinzuweisen: »Das Telefon bleibt Kunden vorbehalten, die konsumieren.« Das bedeutet, daß Sie zumindest noch einen Kaffee oder ein Mineralwasser bestellen und natürlich bezahlen müssen, bevor Sie Ihren Anruf begleichen können.

Telefonieren als umständlicher Hindernislauf – wer hätte das gedacht. Bevor Sie verzweifeln, dürfen Sie getrost in ein Postamt gehen, da gibt es weder Probleme mit toten Kabinen noch mit teuren Gebührenkarten, noch mit unwilligem Bistropersonal. Aber vielleicht kommen Sie auch in Paris an, steuern auf die erstbeste Kabine zu, werfen einen Franc ein, wählen die gewünschte Nummer und können frohgemut verkünden, daß Sie gut angekommen sind. Dann werden Sie nur verwundert zur Kenntnis nehmen, daß Frankreich erst seit Mitte der siebziger Jahre überhaupt ein modernes Telefonnetz kennt. Bis dahin gab es sogar in Griechenland mehr Anschlüsse pro Einwohner, und der böse Spruch: »Die halbe Nation wartet auf einen Telefonanschluß, die andere Hälfte auf das Freizeichen« war durchaus berechtigt.

Im Vergleich zum Telefonieren, so werden Sie nun denken, ist Taxifahren sicher ein Kinderspiel. Man sichtet ein Taxi mit voll erleuchteter Anzeige auf dem Dach, gibt ein Zeichen, steigt ein, gibt das Fahrziel an – und ab geht die Fahrt. Das wenigstens ist die generelle Gebrauchsanweisung, an Einfachheit nicht zu überbieten. In der Praxis allerdings...

Zuerst heißt es natürlich, ein Taxi finden. Ein Droschkenplatz, so fällt Ihnen ein, müßte eigentlich der sicherste Standplatz sein. Das ist im Prinzip richtig, zudem leicht zu finden dank der Anzeigetafel *Taxi. Tête de station*. An den Bahnhöfen stehen meist lange Warteschlangen, überwacht von einem *flic*, damit niemand aus der Reihe tanzt. Wenn niemand dasteht, Sie länger als zehn Minuten im Regen gestanden haben und sich weit und breit kein Taxi zeigt, ist es an der Zeit, mißtrauisch zu werden. Denn allein in Paris gibt es sicher Dutzende solcher Schilder, an denen schon seit Jahren kein Taxi mehr gehalten hat. Sie sind einfach noch da, weil sie niemand abmontiert hat und weil die Anwohner sowieso wissen, daß sich hier das Warten nicht lohnt.

Bleibt das Telefon, notfalls im nächsten Bistro (siehe oben). Wenn die Funkzentrale einen Wagen verspricht, dann kann man sich auch darauf verlassen. Doch zu bestimmten Tageszeiten wird sie Ihnen nichts versprechen – oder frühestens in einer halben Stunde. Das gilt zum Beispiel für die Hauptverkehrszeiten, wenn die Autoschlangen Stoßstange an Stoßstange vor sich hinkriechen und der Taxifahrer weder voran noch auf seine Kosten kommt. Je schneller er fahren kann, desto mehr kann er einfahren. Wenn's ihm zu langsam geht, läßt er sein Vehikel lieber stehen. Als freier Unternehmer kann er das, ein Bierchen kommt ihn dann auch kaum teurer zu stehen als das im Schrittempo sinnlos verfahrene Benzin.

In solchen Situationen passiert es auch, daß der unlustige Taxifahrer Sie an der nächsten Metrostation absetzt und sich mit dem dann wirklich unentbehrlichen Tip verabschiedet, welche Linie Sie am besten nehmen. Zur Essenszeit machen sich die Damen und Herren am Steuer übrigens mit Vorliebe rar. Klare Sache: Wer fährt schon gerne mit knurrendem Magen durch die Gegend. Den amerikanischen Satiriker Art Buchwald haben einschlägige Erfahrungen zu der bissigen Erkenntnis getrieben: »In New York oder London fahren Taxis ihre Kunden an den Zielort; in Paris begleitet man den Taxifahrer zu seiner Garage oder seinem Restaurant.«

Sie können natürlich auch jederzeit ein vorbeifahrendes Taxi heranwinken. Wenn Sie Glück haben, hält es – und dann kommt der spannende Augenblick, in dem Sie Ihr Fahrziel nennen. Paßt es dem Chauffeur nicht, dann winkt er wortlos ab, braust davon, und Sie können ihm nur noch verdutzt hinterherschauen. Natürlich ist das gegen alle Vorschriften, der Taxifahrer muß seinen Fahrgast ans gewünschte Ziel bringen. Doch wenn er nicht will, dann nutzt es gar nichts, die Autonummer zu notieren und sich bei der Taxizentrale zu beschweren.

Gegen die vor allem rechts und links der Seine verbreitete Unart ist selbst die eigens geschaffene Taxipolizei in Zivil ohnmächtig.

Das geschilderte Mißgeschick kann Ihnen besonders nachts passieren, wenn die Zahl der betriebsbereiten Taxis sogar größer ist als bei Tag (weil ab 21 Uhr die Tarife um etwa die Hälfte höher sind als vorher). Im Prinzip darf der Fahrer bei der letzten Fuhre auf jemanden warten, der ihn ein Stück in Richtung Nachtquartier bringt, kann also völlig unpassende Ziele ablehnen. Sie werden jedoch bald merken, daß wann immer Sie nur ein paar Kilometer Weg vor sich haben, das Taxi ausgerechnet auf den letzten Fahrgast in die entgegengesetzte Richtung wartet. Da hilt nur eines: auf die Zähne beißen und weiterwarten.

Ganz verzichten sollten Sie aber auf das Erlebnis einer Taxifahrt nicht, Sie können dabei nämlich die merkwürdigsten Dinge entdecken. Hätten Sie zum Beispiel geahnt, daß Taxifahrer ausgesprochene Hundeliebhaber sind? Und da sie sich von ihrem treuen Begleiter nicht trennen mögen, plazieren sie ihn direkt neben sich auf dem Vordersitz. Schon deshalb empfiehlt es sich nicht, vorne einzusteigen. Ein kläffender Köter könnte Sie anfahren – ganz abgesehen davon, daß der Chauffeur Ihre Anstalten, sich neben ihn zu setzen, als unverständliche Aufdringlichkeit empfinden würde. Erwarten Sie auch nicht, ausgerechnet im Taxigewerbe auf besonders freundliche Vertreter des Dienstleistungssektors zu stoßen. Die Grundregel sieht so aus: Sie wollen Ihr Gepäck im Kofferraum verstauen? Der Fahrer bleibt sitzen, dreht sich um, öffnet von innen die hintere Tür und sieht gelassen zu, wie Sie ihren Koffer auf den Rücksitz hieven und sich daneben setzen. Im Idealfall zieht er dabei unbeirrt an seiner Gauloise und sorgt somit für das, was Sie sicher als typisch französische Atmosphäre empfinden werden.

Sobald es ans Zahlen geht, können Sie noch eine letzte Überraschung erleben. Der von der Uhr angezeigte Betrag ist gewöhnlich niedriger als der geschuldete: entweder weil Sie an einem Bahnhof eingestiegen sind, oder weil Sie Gepäck haben, oder weil die Tarife schon wieder angehoben worden sind, der entsprechende Zuschlag aber noch von einer vorgedruckten Liste abzulesen ist. Und vergessen Sie bei alledem das Trinkgeld nicht. Zehn Prozent werden schon von Ihnen erwartet, schließlich ist Taxifahren ein Vergnügen und außerdem billiger als zu Hause.

Natürlich geschieht mit diesen Hinweisen neunzig von hundert Vertretern der Zunft Unrecht. Sie können selbstverständlich beim Taxifahren an den zuvorkommendsten Menschen geraten, der Ihnen je in Frankreich begegnet. An einem Tag, an dem Ferienbeginn und Metrostreik zusammenfielen, hatten Freunde das Erlebnis ihres Lebens. Als der Verkehr total zusammengebrochen war und es nur noch die Wahl zwischen einem verzweifelten Spurt zum Bahnhof und dem Verpassen des Zuges gab, setzte der Taxifahrer schnell entschlossen sein Fahrzeug an den Straßenrand, packte Koffer und Ski und bahnte sich, gefolgt von seinen Fahrgästen, einen Weg zum Bahnhof.

Ein Kapitel für sich (und deshalb soll hier davon die Rede sein) sind in Frankreich auch die Banken. Einige von ihnen rangieren unter den größten der Welt, rühmen sich ihrer internationalen Verbindungen, preisen ihren Service als besonders kundennah und offerieren ihre Dienste mit allen Mitteln der Werbung. Doch versuchen Sie einmal, einen Hundertmarkschein zu wechseln, das kann zur regelrechten Staatsaktion werden.

Mit den Öffnungszeiten fängt es an. Daß Bankschalter in der Regel am Samstag und Sonntag geschlossen sind, wird Sie nicht wundern, das sind Sie von zu Hause nicht anders gewöhnt. In Paris und in mancher anderen Großstadt finden Sie mit etwas Glück sogar am Wochenende eine Möglichkeit zum Geldwechseln, etwa an Flughäfen oder auf Bahnhöfen. In der Touristensaison müssen Sie eine halbe Stunde Schlange stehen schon in Kauf nehmen. Schließlich ist das immer noch angenehmer als mangels Liquidität mit knurrendem Magen und dickem Mark-Polster in der Brieftasche durch die Gegend zu ziehen. Die zahlreichen Geldautomaten können Sie als Ausländer nicht nutzen. Zu Ihrem Trost: An langen Wochenenden sind sie ohnehin meist am ersten Tag leer, und besonders häufig finden Sie den Hinweis *hors service*, außer Betrieb.

Gerade vor Feiertagen aller Art heißt es besonders aufpassen. Da gelten nämlich für Banken eigene Gesetze. Grundsätzlich machen sie mindestens einen halben Tag länger dicht als andere Betriebe, was sicher ein sozialer Fortschritt im Sinne der Angestellten ist, aber nicht unbedingt eine Errungenschaft aus der Sicht der Kunden. Fällt der Feiertag aufs Wochenende, kann es einem passieren, daß am Montagvormittag die Schalter geschlossen bleiben. Und wenn der Ostermontag, so erklären Spötter, zufällig auf einen Montag fällt, dann wird der verlorene Feiertag eben an einem anderen Wochentag nachgeholt...

Aber gehen wir davon aus, daß Sie Glück haben und einen offenen Schalter vorfinden. Freuen Sie sich nicht zu früh, viele Bankfilialen lehnen es ab, Ihre Markscheine oder Euroschecks zu wechseln. Nicht, daß die Mark den Franzosen suspekt wäre, ganz im Gegenteil. Aber an vielen Schaltern wird einfach kein Geld gewechselt, nicht einmal die gängigsten Währungen. Warum, das ist schwer zu durchschauen. Wer jedoch länger mit französischen Kreditinstituten zu tun hat, wird irgendwann zu der Vermutung kommen, daß eine derart komplizierte Operation wie ein Währungstausch dem Schalterpersonal einfach nicht zuzumuten ist. Bevor Sie also mehr oder weniger höflich darauf hingewiesen werden, daß man Ihnen nicht weiterhelfen kann, sollten Sie darauf achten, ob nicht am Eingang zur Bank die Worte *No change* stehen. In diesem Fall empfiehlt es sich, gleich umzukehren und woanders zu suchen, als sich die Frage einzuhandeln »Können Sie nicht lesen?«. Das kann Ihnen übrigens am Pariser Boulevard Saint-Germain genauso passieren wie an der Marseiller Cannebière.

Generell ist Geldwechseln in Frankreich immer noch reichlich kompliziert. Dafür können die Banken nichts, wohl aber der Staat, der nach wie vor eine Menge Vorschriften für den Umgang mit Devisen macht, obwohl diese Relikte aus der Zeit des schwachen Franc längst unnötig sind. Für Sie bedeutet das: Ohne Reisepaß oder Personalausweis läuft nichts. Und selbst mit Paß kann es Ihnen passieren, daß Devisen eines Drittlandes (etwa Schweizer Franken, wenn Sie in die Schweiz weiterreisen wollen) prinzipiell verweigert werden, weil man für solche Tauschgeschäfte Franzose sein muß. Auch ohne Formulare mit wenigstens drei Durchschlägen kommt man in der Regel nicht aus. Das heißt: Es kommt schon vor, daß es das Bankpersonal nicht so genau mit den bürokratischen Vorschriften nimmt (oder sie nicht kennt) und Sie ohne Papierkram und Unterschrift bedient.

Hier wie anderswo läßt sich eine interessante Erfahrung machen: Je größer die Bürokratie, desto vielfältiger die Varianten, mit denen sich die Vorschriften anwenden lassen. Nehmen wir den Umgang mit Euroschecks. Aus Gründen, die schwer einzusehen sind, haben es unsere Nachbarn kategorisch abgelehnt, sich dem in ganz Westeuropa und darüber hinaus eingeführten System anzuschließen. Frankreich hat sein eigenes Kreditkartensystem, heute gibt keine heimische Bank mehr Euroschecks an ihre Kunden aus. Das bedeutet natürlich nicht, daß Euroschecks nicht akzeptiert werden. Praktisch jede Bankfiliale, die Geld tauscht, tauscht auch Euroschecks; schließlich gibt es etwas daran zu verdienen, Spesen nämlich.

Doch die legt so manche Bank nach eigenem Gutdünken fest. Es gibt zwar eine europäische Vereinbarung unter den Kreditinstituten, nach der auch jede französische Bank den Betrag auszahlen muß, auf den Sie den Euroscheck ausgestellt haben (die Spesen werden Ihrem Mark-Konto belastet). Aber Sie müssen damit rechnen, daß man Ihnen einen Schrieb unter die Nase hält, auf dem (günstigenfalls in gebrochenem Deutsch) der geschätzten Kundschaft erklärt wird, die Bank sehe sich zu ihrem großen Bedauern gezwungen, ab sofort eine gewisse Summe pro Scheck einzubehalten. In diesem Fall helfen weder Proteste noch Hinweise auf Vereinbarungen oder andere Erfahrungen. Entweder Sie zahlen die geforderte Gebühr, oder Sie suchen sich eine andere Bank. Einen dritten Weg gibt es nicht. Wenn Sie anfangen zu diskutieren, machen Sie sich nur unbeliebt. Wie Sie überhaupt davon ausgehen sollten, daß französische Banken in erster Linie für ihr Personal und dann erst für die Kunden da sind. Vielleicht tröstet es Sie zu wissen, daß jeder Franzose davon genauso betroffen ist wie ein ausländischer Besucher.

Zum Schluß ein paar Hinweise zum Metrofahren, speziell in Paris. Das Prinzip ist kinderleicht. Sie lösen am Schalter ein Ticket (oder gleich einen Zehnerpack, das *carnet*) und fahren in und um Paris herum, solange Sie wollen. Wann immer es Ihnen Spaß macht, steigen Sie um, das kostet keinen Centime mehr. Es gibt, sieht man von der Expressmetro RER ab, keine Tarifzonen, gestaffelte Preise oder etwas ähnlich Kompliziertes. Doch sobald Sie aus der Unterwelt ans Tageslicht auftauchen und die Fahrt unterbrechen, müssen Sie vor der Fortsetzung Ihrer Reise einen neuen Fahrausweis in den Entwerter stecken. Auch Umsteigen, selbst an wichtigen Knotenpunkten, ist keine Hexerei. Überall finden Sie große Streckenpläne, von denen Sie sich wahrscheinlich in Ihrem Hotel oder Reisebüro bereits eine Miniaturausgabe eingesteckt haben. Spätestens wenn Sie sich zwei- oder dreimal verfahren haben, werden Sie sich mit schlafwandlerischer Sicherheit zurechtfinden.

In der Metro gibt es eine Menge Ungewöhnliches zu hören und zu sehen: vor allem Sänger, Instrumentalisten, kleine Orchester. Doch leider hat sich zu dieser bunten Welt die Halbwelt gesellt: lästige Schnorrer, Taschendiebe, Messerstecher, Räuber. Es läßt sich nicht leugnen, daß die Kriminalität vor allem in den Nachtstunden hoch ist. Gänge und Bahnsteige sind dann oft menschenleer, sogar in der fahrenden Metro ist man nicht absolut sicher. Natürlich gibt es Pariser, die ihr Leben lang mit der Metro gefahren sind und nie auch nur belästigt wurden. Doch die Übergriffe haben unbestreitbar zugenommen, gelegentlich wird am hellichten Tag über Lautsprecher vor Taschendieben gewarnt. Eine klare Mahnung zur Vorsicht dürfte also nicht übertrieben sein.

Das fängt mit einer Warnung vor Kinderbanden an. Seit Jahren treiben kleine Gruppen von Landfahrerkindern ihr Unwesen, ohne daß die Polizei das Problem in den Griff bekäme. Auf den ersten Blick betteln die Kinder, werden dann aber zudringlich und haben nach einem geschickten Ablenkungsmanöver flugs Geldscheine oder Wertsachen gestohlen. Natürlich stehen hinter den Minderjährigen Erwachsene, die die Beute abkassieren. Routinierte Metrofahrer wissen schon, wann sie ihre Geldbörse festhalten oder auf ihre Armbanduhr aufpassen müssen. Mit einer Warnung ist dagegen wenig erreicht, wenn die Profis ans Werk gehen. Sie können den Touristen auf den ersten Blick vom Pariser unterscheiden, sind oft zu zweit oder dritt, stellen eine geschickte Falle und ziehen das Messer, wenn sich jemand wehrt.

New Yorker Zustände sind in der Pariser Metro noch nicht ausgebrochen, aber gewalttätiger als in der Münchener U-Bahn geht es allemal zu. Sollte Ihnen das relativ rare Unglück widerfahren, bedroht zu werden, dann haben Sie nur eine Chance, ungerupft davonzukommen, wenn Sie Meister in Judo oder Karate sind. Andernfalls ist Gegenwehr sinnlos. Als in Kampftechniken ungeübtem Besucher sei Ihnen geraten, zu später Stunde nur in Gruppen Metro zu fahren und Ihre Reisekasse erst gar nicht mit sich herumzutragen. Noch eins: Zum Spazierenfahren von diamantbesetzten Colliers ist die Metro auch nicht ganz das Richtige. In diesem Falle sollten Sie überlegen, ob Sie sich nicht doch ein Taxi leisten.

Der Alltag der Duponts

Wer mit offenen Augen durch Frankreich fährt, dem werden mit Sicherheit die tristen Wohnsilos rund um die Städte auffallen, oft in heruntergekommenem Zustand, nur selten mit Überlegung oder gar Pfiff gebaut. Auch deutsche Vorstädte sind nicht gerade eine Augenweide, aber was es vor Paris, Marseille oder Lyon zu sehen gibt, überrascht dann doch. Sie werden sich fragen: So also leben die Franzosen? Natürlich sind diese auffallend häßlichen Ungetüme nur ein Ausschnitt aus der französischen Wohnlandschaft. Doch es ist schon etwas dran: Wohnen ist in Frankreich, vor allem in den Großstädten, ein heikles Problem.

Ende der sechziger Jahre versah der Engländer John Ardagh in seinem ausgezeichneten Buch *Frankreich als Provokation* ein Kapitel mit der Überschrift: »Der Wohnungsmangel: die Nationalschande Nummer eins«. Das war nur leicht übertrieben, weil es in jenen Jahren wirklich reine Glücksache war, eine Bleibe zu finden, zumal wenn man auf Badezimmer und WC Wert legte. Der Rückstand im Wohnungsbau war enorm. Im letzten Krieg war die Zerstörung begrenzt geblieben, damit fehlte aber auch der Anstoß zur Erneuerung des Wohnungsbestandes. In den Nachkriegsjahren setzte die Landflucht ein, wie Pilze schossen die phantasielosen, möglichst billig gebauten Wohnkasernen aus dem Boden. Vorfabrizierte Satellitenstädte entstanden. Das war immer noch ein Fortschritt im Vergleich zu den Kanisterstädten, die mancherorts bis in die siebziger Jahre überlebten. Es war auch ein Fortschritt im Vergleich zu dem absoluten Mangel an Komfort, mit dem Millionen von Franzosen in indiskutablen Altbauwohnungen zurechtkommen mußten.

Man kann sich das heute kaum mehr vorstellen: Noch 1954 hatten 42 Prozent aller Wohnungen im Land kein fließendes Wasser und 75 Prozent nur eine Toilette im Hof oder bestenfalls im Treppenhaus; lediglich 10 Prozent verfügten über Dusche oder Badewanne. Das hat sich gründlich geändert; die Zeiten sind vorbei, da man mitten in Paris das Wasser an einer Zapfstelle im Hinterhof oder im Hausflur holen mußte. Die alten Wohnungen sind überwiegend modernisiert, zum Teil wurden sie in Luxusappartements mit Patina umgewandelt. Die Wohnsilos des Nachkriegsbooms werden hie und da schon wieder abgerissen und durch weniger triste Wohnanlagen ersetzt. Dennoch: Der soziale Wohnungsbau der fünfziger und sechziger Jahre war weder ein Ruhmesblatt für den Staat noch für die Architekten des Landes. Vielleicht wurde das alles nur deshalb so lange akzeptiert, weil primär die kleinen Leute betroffen waren, später dann die ausländischen Arbeiter, die nach Frankreich strömten.

Überraschend ist auch, daß fast jeder zweite französische Haushalt in einer Wohnung lebt, die ihm gehört. Die Deutschen mögen Weltmeister im Häuslebauen sein, die Franzosen investieren seit jeher bevorzugt in Eigentumswohnungen. Oft werden solche

Oben: Das Häuschen auf dem Land, Freizeitbeschäftigung und Zufluchtsort
Unten: Freizeit in der Großstadt: Frau und Hund beim Jogging

9

Wohnungen in der Familie weitervererbt, kaufen die Eltern sie für ihre Kinder. Das entspricht zunächst einem ganz menschlichen Reflex. Geld wird in Immobilien investiert, weil es da vor Inflationsverlust und der Raffgier des Fiskus ziemlich sicher ist. Dieses Verhalten kommt aber auch einer oft beschriebenen Neigung der Franzosen entgegen: einer gewissen Erdverbundenheit und Anhänglichkeit an das familiäre Erbe. Ein deutliches Indiz hierfür ist auch die Tatsache, daß etwa jede sechste französische Familie eine *résidence secondaire* besitzt, also ein Wochenendhaus. Wohl in keinem anderen Land gibt es ein derart ausgeprägtes Bedürfnis, ein zweites Zuhause zu haben, eine Art Trutzburg, in die man sich jederzeit zurückziehen kann. Das gilt in besonderem Maße für die Pariser, und wer lange an der Seine gelebt hat, kann das gut verstehen. Stundenlange Staus auf den Ausfallstraßen werden gerne in Kauf genommen, um ein paar Stunden im Landhaus zu verbringen. Irgendwann ist der Sauerstoffbedarf einfach so groß, daß jede Strapaze hingenommen wird, um für kurze Zeit zu entkommen. Ein paar hundert Kilometer pro Wochenende und zwei, drei Stunden im Stau werden als unvermeidlich akzeptiert.

Doch das Wochenendrefugium ist keineswegs ein Privileg der Wohlhabenden. Auch einfachere Leute stekken jeden ersparten Franc in diesen Luxus. Das führt so weit, daß zwischen Paris und Burgund oder zwischen Paris und der normannischen Küste halbe Dörfer nur am Wochenende und an Feiertagen bewohnt sind. Dafür verfällt kein noch so bescheidener Schuppen, der im Zuge der Landflucht aufgegeben wurde. Voller Stolz wird ein Franzose von seiner *résidence secondaire* erzählen, auch wenn sie nur minimal möbliert und ohne Komfort ist. Daß ihre Tür für Familie und Freunde stets weit offensteht, versteht sich von selbst.

Bezeichnend ist eine oft zu beobachtende, über Generationen anhaltende Verbundenheit mit dem Elternhaus, darüber hinaus mit dem Heimatdorf, auch wenn es weit vom Wohnort entfernt ist. Viele Franzosen verstehen das als Sicherung gegen die Gefahr der Entwurzelung, vor allem wenn sie aus der Provinz nach Paris gezogen sind. An jedem langen Wochenende setzen sie sich ins Auto und fahren mit Kind und Kegel durchs halbe Land, nur um ein paar Stunden in ihrer *maison de famille* zu verbringen. Bei solchen Gelegenheiten findet sich der gesamte Familienclan ein und zelebriert das große Gefühl der Zusammengehörigkeit. Nicht nur bei solchen Gelegenheiten werden Sie mit Erstaunen feststellen, wie intakt das französische Familienleben noch ist. Selbstverständlich ist das Gefühl zusammenzugehören, selbstverständlich ist auch, daß jede Gelegenheit zur Zusammenkunft genutzt wird. Daß mehrere Generationen einer Familie in einem Haushalt oder unter einem Dach zusammenleben, ist zwar zur Ausnahme geworden. Doch die Großfamilie, die sich um einen Tisch schart, ist eine Realität. Sonntagmittag werden Sie überall Eltern mit ihren herausgeputzten Kindern sehen, in der Hand das kunstvoll geknüpfte Kuchenpaket, die auf dem Weg zum Essen bei *grandmère* und *grandpère* sind. Vor allem in bürgerlichen Milieus ist das ein fast heiliges Ritual, bei dem sich die Generationen aus Anhänglichkeit und Pflichtbewußtsein zusammenfinden.

Das gilt in noch stärkerem Maße und ungeachtet aller sozialen Schranken für Familienfeste, vor allem Taufe, Erstkommunion und Hochzeit. Dann entdecken auch Franzosen, die sonst mit religiöser Praxis nicht viel im

Sinn haben, die alten kirchlichen Riten wieder, weil das nach ihrem Verständnis zur Familientradition gehört. Nach wie vor heiraten 70 bis 80 Prozent der jungen Franzosen vor einem Priester, obwohl die meisten von ihnen allenfalls an Weihnachten eine Kirche von innen sehen und den Pfarrer höchstens von einer Beerdigung kennen. Aber das ist nun einmal so im fast ausschließlich katholischen Frankreich: Zu Höhepunkten des Familienlebens gehört die Religion genauso wie Champagner und ein Festgelage, das von den Mittagsstunden bis zum frühen Abend dauert.

Auffallend ist in Frankreich auch, wie lange Kinder bei ihren Eltern wohnen, wie lange sie sich von ihnen aushalten lassen und bis zu welchem Alter sie mit ihnen in Ferien fahren. Mit der Volljährigkeit setzt bei den Jugendlichen keineswegs das Bedürfnis ein, auf eigenen Füßen zu stehen. Sie lassen sich lieber zu Hause verwöhnen und suchen sich einen entsprechend nahen Arbeits- oder Studienplatz. Kämen Eltern auf die Idee, Sohn oder Tochter an die Luft zu setzen und einfach aus dem bequemen Nest zu werfen, wären sie bei Nachbarn und Freunden als Rabeneltern verschrien. Selbst wenn die Kinder heiraten und einen eigenen Hausstand gründen, werden sie auf jeden Fall ihr neues Heim möglichst nahe bei den Eltern wählen, um das Baby jederzeit bei der Großmutter abliefern zu können. Eine praktische Sache, wenn man weiß, daß (genau wie in der Bundesrepublik) etwa vier von zehn Frauen berufstätig sind.

Soziologen behaupten, in der französischen Familie habe seit jeher die Mutter das Sagen, nicht der Vater; sie halte das Haus in Ordnung, wache über die Erziehung der Kinder, verwalte die Finanzen und könne der

Junger Vater mit Kinderwagen – keine Selbstverständlichkeit

Versuchung nicht widerstehen, ihren Nachwuchs gezielt unter die Haube zu bringen. Praktische Erfahrung zeigt aber auch, daß zu Hause die Männer den Ton angeben. Sogar bei modernen, relativ jungen Ehepaaren ist es oft selbstverständlich, daß er bei Tisch zu ihr sagt: »Hol' doch mal das Salz« oder »Du hast das Brot vergessen«. Französische Ehemänner entschließen sich höchst ungern dazu, im Haushalt mitzuhelfen. Beim Kochen ja, das ist eine noble Tätigkeit, aber beim Spülen oder Abtrocknen nur widerwillig.

Auch im öffentlichen Leben haben es Frauen häufig schwerer. Bis 1964 brauchten sie die Genehmigung ihres Mannes, wenn sie ein Bankkonto eröffnen, einen Paß beantragen oder gar eine Boutique betreiben wollten (wählen dürfen sie immerhin schon seit 1946). Noch heute gilt: Wenn ein Mann eine Maitresse hat, wird ihm das augenzwinkernd nachgesehen; Frauengeschichten fördern den Ruf und können sogar einem Staatspräsidenten nicht dauerhaft schaden. Wagt aber eine Frau den Seitensprung, so wird sie ihn tunlichst geheimhalten, um nicht ihre Reputation zu verlieren. Ernsthaft revoltiert haben die Französinnen nie gegen diese Rollenverteilung. Frankreich kannte keine Sufragetten, und die feministische Bewegung der jüngsten Zeit ist nie weit über relativ enge Pariser Zirkel hinausgedrungen.

So mancher Frankreichreisende stellte schon verwundert die Frage: Wo sind eigentlich die Kinder? In der Tat fällt auf, daß in den Städten nur wenige Kinder auf der Straße zu sehen sind. Das liegt keineswegs daran, daß die Franzosen am Aussterben wären, auch wenn heute auf eine Familie im Durchschnitt nur noch 1,8 Kinder kommen. Es liegt an der Schule. Sie kümmert sich bereits um Kleinkinder. Fast 90 Prozent aller Dreijährigen gehen in die *Ecole Maternelle*, die gezielt auf schulische Werte hinarbeitet, also mehr ist als ein Kindergarten. Mit vier Jahren sind praktisch alle Kinder eingeschult.

Dazu kommt, daß die französische Schule eine Ganztagsschule ist. Unterricht ist von neun bis zwölf und von zwei bis halb fünf, die Hälfte der Schüler nimmt auch das Mittagessen in der Schulkantine ein. Nur mittwochs ist (zumindest in der Grundschule) unterrichtsfrei. Aber da gibt es schulische Arbeitsgemeinschaften, den Sportverein und natürlich den *catéchisme*, den freiwilligen Religionsunterricht. Er findet außerhalb von Schule und Lehrplan statt, seitdem Anfang des Jahrhunderts Kirche und Staat streng getrennt wurden. Lediglich in den (fast ausschließlich katholischen) Privatschulen, die in einigen konservativen Gegenden wie der Bretagne dominieren, ist das anders.

In Diskussionen mit französischen Eltern werden Sie nur ganz selten Widerspruch zu diesem System hören, das in Deutschland sicher mit dem Attribut »Kasernierung« belegt würde. Debatten über Schulstreß und Überforderung der Kinder gibt es in Frankreich auch, aber den Eltern ist es durchweg recht, wenn Disziplin ganz oben steht (immerhin wurden die Schuluniformen weitgehend abgeschafft). Französische Austauschschüler sind regelmäßig verblüfft, wie locker es in deutschen Schulen heute zugeht und was für ein unautoritäres Verhältnis viele ihrer deutschen Altersgenossen zu ihren Lehrern haben. Und an die knappe Freizeit haben sich die jungen Franzosen auch gewöhnt. Zum Ausgleich haben sie die längsten Ferien in ganz Europa.

Bei alledem haben die Kinder in Frankreich mit Sicherheit einen viel selbstverständlicheren Platz in der Gesellschaft als bei uns. Ob in Hotels, Restaurants, öffentlichen Verkehrsmitteln oder anderswo: Kinder sind respektiert, dürfen ungezogen und laut sein, können noch zu später Stunde herumtollen, werden aber auch oft verwöhnt, verhätschelt und wie Puppen ausstaffiert. Machen Sie ruhig die Probe aufs Exempel, auch Ihre Kinder werden staunen, daß sie (fast) wie Erwachsene behandelt werden.

An dieser Stelle muß über einen weiteren wichtigen Faktor des französischen Familienlebens berichtet werden: den Hund. Im Jahr 1985 soll die Zahl der französisch bellenden Familienmitglieder immerhin neun Millionen erreicht haben, mehr als doppelt soviel wie in der Bundesrepublik. Eine Hundesteuer gibt es nicht. Hunde haben gleiche Rechte wie Kinder. Mehr noch: Kein Mensch kommt auf die Idee, sie zur Sauberkeit zu erziehen. Gerade in einer Großstadt wie Paris sind die Folgen so anrüchig, daß sie zum Himmel stinken. Wenn es ein paar Tage nicht regnet, hängt ein lästiger Geruch in so mancher engen Straße, sind Rutschpartien und Slalomübungen für die Passanten unvermeidlich. Passen Sie auf, schon mancher hat sich dabei den Fuß gebrochen! Kein Wunder, allein im Stadtgebiet von Paris werden täglich sage und schreibe dreißig Tonnen Hundekot auf den Straßen deponiert.

Eine Lösung dieses Problems war bisher nicht zu finden. Im Pariser Rathaus wußte sogar die eigens gebildete Kommission zur »Erleichterung eines harmonischen Zusammenlebens von Mensch und Tier unter der Respektierung der Umwelt« keinen Rat. In ihrer Not entschied sich die Stadtverwaltung dafür, eine Staffel Motorräder mit Saugarmen und Reservoirs anzuschaffen, in denen – nach Besprühen mit einer desinfizierenden Flüssigkeit – Hundehaufen jeglicher Größe und

Wie kleine Erwachsene ausstaffiert: Nachwuchs aus gutem Hause

Konsistenz verschwinden. Sicherlich werden Sie bei Ihren Spaziergängen durch Paris und mittlerweile auch in anderen Städten auf die grün-weißen Gefährte der Marke Kawasaki (daher der Spitzname *kakasaki*) mit den rotierenden gelben Warnleuchten stoßen und ihnen besser aus dem Weg gehen, da sie stets von einer speziellen Duftwolke eingehüllt sind. Wie ein alter Pariser werden Sie auch bald den Blick nicht mehr vom Boden lassen und die Weisung verstehen, die eine besorgte Mutter ihrem Kind mit auf den Schulweg gibt: »Sei brav, arbeite schön und tritt nicht in Hundedreck!«

Im Alltag der Duponts nimmt Einkaufen einen wichtigen Platz ein, und man nimmt sich dafür Zeit. Auf die Schnelle, zwischen Büro und häuslichem Herd, ist das natürlich kaum möglich. Einkaufen soll keine lästige Pflicht sein, sondern ein Vergnügen, bei dem einem vor Appetit bereits das Wasser im Munde zusammenläuft. Deshalb gibt es in Frankreich so etwas Verrücktes wie eine Ladenschlußdiskussion nicht. Die Franzosen schütteln verständnislos den Kopf, wenn man ihnen erzählt, unter welchem Streß die deutsche Hausfrau ihre Besorgungen erledigt.

Vergewissern Sie sich selbst, spazieren Sie an einem Sonntagmorgen durch die enge Rue Mouffetard am Rande des Pariser Quartier Latin. Da werden Obst, Gemüse und Fisch angepriesen, kunstvoll auf den Verkaufsständen arrangiert, eine wahre Augenweide. Vor Metzgerei und Bäckerei stehen die Kunden Schlange, der Käseladen ist umlagert. Aber auch der Jeans-Shop hat auf, daneben das Schallplattengeschäft, der Reformkostladen. Ein paar fliegende Händler haben in der drangvollen Enge noch ihre Verschläge aufgebaut – und das alles am Sonntagmorgen zwischen neun und halb eins.

Da ist Einkaufszeit, natürlich nicht nur in der Rue Mouffetard, wo sogar die Kirchgänger ihre gefüllten Körbe, Kartoffelsäcke und Baguettes zur Messe in Saint Médard mitschleppen. Das ist in ganz Paris so und in der Provinz. Nicht nur die Märkte florieren zu der für uns ungewohnten Zeit. Auch die meisten Lebensmittelläden sind selbstverständlich geöffnet. In Ruhe wird der Sonntagsbraten ausgesucht, Salat und Gemüse aus französischen Landen kommen tatsächlich frisch auf den Tisch, und das Weißbrot, ohne das nichts geht, ist sogar ofenfrisch.

Und der Ladenschluß? Ganz einfach, so etwas gibt es nur am Rande. Am Wochenende wie unter der Woche macht jeder seinen Laden auf und zu, wann er will. In den Städten bietet sich immer irgendwo die Gelegenheit, noch zu später Stunde das einzukaufen, was man vergessen hat. Solche Läden mit nächtlicher Öffnungszeit werden übrigens meist von Tunesiern betrieben, die von der Insel Djerba kommen. In Paris und seinen Vorstädten sind 3500 tunesische Einzelhändler die letzte Rettung, wenn plötzlich unerwarteter Besuch vor der Tür steht und irgend etwas ausgegangen ist. Daß das Einkaufen hier ein bißchen teurer ist als im Supermarkt, das nimmt man in solchen Situationen gern in Kauf.

Genau besehen gibt es doch ein paar Einschränkungen. Ein Gesetz von 1906 schreibt vor, daß Angestellte Anspruch auf Sonntagsruhe haben. Aber die Liste der Ausnahmen ist beträchtlich. Sie reicht von Lebensmittelgeschäften über Apotheken, Kammerjäger und Stuhlverleiher bis zu den Blumenhändlern. Außerdem kann der Präfekt als oberster Beamter eines Departements großzügige Ausnahmeregelungen erlassen. Ganze Einkaufszentren auf der grünen Wiese werden so sonntags zu Wallfahrtsstätten für Konsumenten; die protestierenden Gewerkschaften sind machtlos gegen König Kunde.

Während der Woche gibt es montags schon mal Schwierigkeiten bei der Versorgung. Da wird nämlich meist die versäumte Sonntagsruhe nachgeholt. Und im August, wenn alle Welt Ferien macht, kann das Einkaufen für die paar in der Stadt Zurückgebliebenen problematisch werden. Doch in der Regel sprechen sich die Einzelhändler eines Quartiers ab, so daß niemand verhungern muß. Auch manches Kaufhaus hat sich dem veränderten Arbeits- und Lebensrhythmus der Großstadtmenschen angepaßt und die Schließung an ein oder zwei Wochentagen auf 21 oder 22 Uhr hinausgeschoben. Zugegeben, das ist alles ein bißchen verwirrend, wenn Sie den sturen deutschen Ladenschluß gewohnt sind. Aber man gewöhnt sich schnell daran und genießt es, vom frühen Morgen bis zum späten Abend einzukaufen. Die Franzosen wissen jedenfalls, warum sie sich nie den Kopf über ein Ladenschlußgesetz zerbrochen haben.

Beim Einkaufsbummel fällt Ihnen sicher auf, wie viele Tante-Emma-Läden es im ganzen Land noch gibt. Sie sind oft zu Selbstbedienungsläden umgebaut worden, haben aber höchstens die Größe eines mittleren Wohnzimmers. Um falsche Vorstellungen von vornherein zu zerstören: Die Zahl dieser Klein- und Kleinsthändler hat in den letzten Jahren rapide abgenommen, weil sich auch in Frankreich Supermärkte und Einkaufszentren breitgemacht haben. Aber nach wie vor werden 60 Prozent des Lebensmittelverkaufs beim Krämer um die Ecke abgewickelt, wobei dieser Prozentsatz auf dem Land und in den Kleinstädten natürlich größer ist als in Paris.

Lukrativ ist dieses Geschäft für die kleinen Einzelhändler nicht unbedingt. Aber sie haben eine treue Kundschaft, die beim Einkauf gerne einen Plausch halten und das Neueste aus der Nachbarschaft erfahren will, sich möglicherweise aber auch vor dem Riesenangebot des Supermarkts hilflos vorkommt. Der Händler bietet für Kundentreue oft etwas Besonderes: ausgefallene Öffnungszeiten; die Möglichkeit, im Vorbeigehen etwas mitzunehmen und anschreiben zu lassen; ein besonderes Sortiment. Letzteres können Sie am deutlichsten in einer *charcuterie* beobachten, einer Mischung aus Metzgerei, Feinkostgeschäft und Delikatessenhandel. Keine *charcuterie* ist so wie die andere, und am besten schmeckt allemal, was der Chef empfiehlt. Warum sich die zahllosen Bäckereien gegen das Angebot der Brotfabriken behaupten, ist auch ziemlich einfach zu erklären: Der Bäcker steht, von Nachtbackverboten unbehelligt, morgens um drei in der Backstube und bietet am Morgen knusperfrische Ware. Damit nicht genug: Die Baguette gibt es nicht nur zum Frühstück frisch aus dem Ofen, sondern zumindest ein zweites Mal vor dem Abendessen.

Den Run auf das tägliche oder wöchentliche Sonderangebot kennt die französische Hausfrau nicht. Sie hält nicht viel davon, sorgfältig Preise zu vergleichen und dann zu kaufen, wenn es am günstigsten ist. Lieber zahlt sie bei ihrem Metzger ein paar Francs mehr als im Supermarkt und hat dafür die Garantie, daß die Qualität immer stimmt. Wenn es allerdings um Chic geht, dann ist Madame einem Schnäppchen nie abgeneigt. Und dafür gibt es die *soldes*. Ursprünglich war das die Ankündigung für den Sommer- und Winterschlußverkauf, unübersehbar am Schaufenster angebracht und in Zeitungsanzeigen verkündet. Doch heute finden Sie ganze

Straßenzüge, in denen ein Laden neben dem andern das ganze Jahr über Ausverkauf macht.

Dabei wird keineswegs nur Ramsch verscherbelt, sondern auch Qualitätsware, eventuell mit kleinen Fehlern, viele Restposten und Einzelstücke, auf jeden Fall spottbillig. Das Geheimnis liegt darin, daß Modelle bekannter Modemacher wie Massenware in schmucklosen Ladenlokalen zu haben sind. In der Regel fehlt das Markenetikett (*la griffe*, weshalb diese Art des Verkaufs *dégriffe* heißt), aber Kenner fischen zielsicher genau das aus den Regalen, was sie suchen und sich zum üblichen Preis nie und nimmer leisten könnten. Die Pariser Rue Saint-Placide ist beispielsweise ein Eldorado für *dégriffe*-Profis. Auch wenn Sie ein Kleid von Saint-Laurent ohne Etikett nicht als solches erkennen, sollten Sie sich den Spaß nicht entgehen lassen. Einige Modefürsten sind schon dazu übergegangen, diskrete Fabriklager für jedermann aufzumachen; in manchen Paris-Führern finden Sie die Adressen dutzendweise.

Noch etwas wird Ihnen beim Einkaufen auffallen: daß viele Franzosen nach wie vor in Alten Francs rechnen, das heißt die ausgezeichneten Preise mit hundert multiplizieren. Erschrecken Sie nicht, wenn Ihnen der Ober im Café für ein Bier ein paar hundert Francs abknöpfen will. Das ist kein Wucherpreis, sondern lediglich das Erkennungszeichen dafür, daß der *garçon* in über 25 Jahren nicht umgedacht hat. Im Januar 1960 gab es nämlich einen Währungsschnitt eins zu hundert, aus 100 Alten Francs wurde ein Neuer Franc und später dann einfach ein Franc – aber viele Franzosen sind eben noch nicht soweit.

Frankreich lebt ganz gut mit seinem *Schizofranc*. Ein bißchen schizophren ist das Ganze schon; denn die besonders Gewitzten rechnen sogar in Centimes, egal wie hoch der Betrag ist. Das ist so, wie wenn sich jemand ein Auto für zwei Millionen Pfennig kaufen würde. In Rundfunknachrichten, öffentlichen Debatten, Politikerreden, überall wird die Illusion der großen Zahl aufrechterhalten. Der Effekt der beiden Nullen ist eindrucksvoll. Aus einem Durchschnittsgehalt von 10000 Francs wird eine Million Centimes – schon ist der Empfänger Millionär. Ein Lottogewinn, mit hundert multipliziert, verschafft die angenehmsten Illusionen. Ein Politiker, der seine Klientel beeindrucken will, redet natürlich immer in Centimes, wenn er irgendwelche Gelder aus der Staatskasse losgeeist hat. Und wer wäre schließlich nicht voll des Mitgefühls, wenn Monsieur Dupont beredt die Riesensummen nennt, die er an Steuern zahlen muß und natürlich in Alten Francs kalkuliert. Gewöhnen wird sich ein Ausländer nur schwer an diese Rechnerei. Doch trösten Sie sich: Zahlen bleiben in einer fremden Sprache auch für den stets ein Problem, der die Sprache sonst fließend beherrscht. Dann noch das Komma um zwei Stellen verrücken, ist einfach zuviel verlangt. Da hilft nur Geduld und ein Lächeln über die schrullige Verbohrtheit, mit der sich die Franzosen selber etwas vormachen.

Zu Gast bei den Duponts

Es gibt Vorurteile über die Franzosen, die sind nicht auszurotten. Dazu gehört die verbreitete Meinung, daß Franzosen ihr Zuhause wie ein Heiligtum vor Eindringlingen abschirmen. Mit anderen Worten heißt das: Um zu Franzosen nach Hause eingeladen zu werden, muß man sie sehr lange kennen und quasi zur Familie gehören. Das stimmt heute nicht mehr und hat so auch nie gestimmt. Vor allem die französische Provinz pflegt eine exemplarische häusliche Gastfreundschaft; sie hat eine sehr lange Tradition, egal ob es sich um eine reiche oder arme Gegend handelt. Einfache Leute mögen dem Fremden scheu oder zurückhaltend gegenüberstehen. Sobald sie sich jedoch verständigen können, ja Sympathie empfinden, wird der Gast ohne Komplexe und ohne Anbiederung in den Familienkreis aufgenommen.

In Paris war das in der Tat immer ein bißchen komplizierter. Die gehobenen Schichten legten Wert darauf, sich standesgemäß darzustellen. Da ging es dann steif oder zumindest vornehm zu, mit gedruckter Einladung, Gesellschaftskleidung, gedämpftem Ton und mindestens einem livrierten Diener. Die heiligen Hallen feudaler Wohnpaläste, das versteht sich von selbst, öffneten sich natürlich nur Zeitgenossen, die man als seinesgleichen betrachten konnte. Wer diesem Kriterium nicht gerecht wurde, den lud man ins Restaurant, um jede gesellschaftliche Komplikation zu vermeiden.

Da wurde der Gast dann standesgemäß bewirtet, denn beim Essen und Trinken lassen sich die Franzosen nicht lumpen.

Hier liegt ein Grund dafür, warum auch weniger wohlhabende Bewohner der Hauptstadt sich lange scheuten, nicht völlig vertraute Gäste an den häuslichen Tisch zu laden: Sie wollten nicht enttäuschen. Vor allem die bis in die siebziger Jahre unbefriedigenden bis katastrophalen Wohnverhältnisse, der knappe Wohnraum und der fehlende Komfort standen Einladungen im Weg. Man genierte sich, wollte gerne einen gewissen sozialen Scheinstatus wahren, wußte nicht, wohin mit den Kindern und Großeltern. Auch in diesen Situationen war die Einladung ins Restaurant ein honoriger Ausweg. Doch solche Bedenken verlieren sich zum Glück zusehends, Einladungen nach Hause haben ihren Seltenheitswert verloren.

Das Diner im noblen Pariser Vorort Neuilly oder bei der klassischen Pariser Bourgeoisie des 16. Arrondissements hat dagegen wenig von seiner Exklusivität eingebüßt, da scheint die Zeit stehengeblieben zu sein. Von diesen Kreisen abgesehen haben sich die Sitten in den letzten zwanzig Jahren beträchtlich gelockert. Einladungen werden nicht seltener und nicht häufiger ausgesprochen als anderswo, auch bei den sogenannten besseren Leuten. Oft werden dabei die alten sozialen Schranken durchbrochen, eine Abendgesellschaft darf viel bunter gemischt sein als noch vor Jahren. Nur eines gilt unverändert: Wer einlädt, lädt zum Essen ein.

Darin sind die Franzosen nun wirklich ein bißchen eigen, ja förmlich. Es ist so gut wie unmöglich, bei Freunden (womöglich noch unangemeldet) auf eine Tasse Tee oder ein Glas Wein vorbeizuschauen oder sich einfach zu einer fröhlichen Runde um den Tisch zu setzen. Das müßte (zumindest in den Augen des Gastgebers) auf den Gast so wirken, als sei er keines ordentlichen Gastmahls würdig. Vom *apéritif* bis zum (hochprozentigen) *digestif* muß sich das gewohnte Ritual abspielen, und das heißt: Ein Diner von mindestens vier Gängen ist das strikte Minimum, auch dann, wenn die Dame des Hauses den ganzen Tag im Beruf ihre Frau gestanden hat. Eine solche Ausrede gilt nicht. Womit Sie übrigens noch eine plausible Erklärung dafür haben, warum französische Familien dann lieber mit Einladungen sparsam umgehen, als ihrer Gastgeberrolle nur unvollkommen gerecht zu werden.

Doch nehmen wir einmal an, die Duponts, eine Durchschnittsfamilie in irgendeiner französischen Stadt, hätten Sie zum Abendessen eingeladen. Da heißt die erste Frage natürlich: Was bringen Sie mit? Die Faustregel für alle Gelegenheiten: Mit Blumen liegen Sie nie falsch. Aber kommen Sie um Himmels willen nicht mit einem Alpenveilchen oder Azaleenstock an, das weist Sie nicht als Mann oder Frau von Welt aus. Wählen Sie einen schönen Blumenstrauß nach Ihrem Geschmack, und achten Sie auf die Frage der Verkäuferin *C'est pour offrir*?. Wenn Sie nämlich nicht aufpassen, wickelt man Ihnen irgendein Papier um die bunte Pracht. Stimmen Sie zu, werden die Blumen kunstvoll arrangiert und eingeschlagen. Und dann kommt das entscheidende Detail: das Etikett, das auf die meist transparente Hülle geklebt wird. Es zeigt, wo Sie eingekauft haben, und darauf wird die Dame des Hauses immer achten.

Ein Sträußchen von der Blumenfrau am Metroausgang oder vom Wochenmarkt ist also nicht ganz das Wahre. Auch die Verpackung muß stimmen (womit wir wieder einmal auf etwas typisch Französisches gestoßen wären). Nun werden Sie es schon völlig normal finden, daß Sie die Blumen auf keinen Fall auspacken und das Papier zusammenknüllen dürfen, bevor Sie den Strauß überreichen. Strecken Sie das Ganze wohlverhüllt der Gastgeberin entgegen – und schon haben Sie bewiesen, daß Sie die feine Lebensart beherrschen.

Sie können noch ein übriges tun, um als wohlerzogener Ausländer Eindruck zu machen. Sagen Sie zur Begrüßung nicht einfach *Bonsoir*, sondern fügen Sie immer ein freundliches *Madame* oder *Monsieur* hinzu, allerdings ohne den Namen. Das gehört sich einfach und wird in Frankreich schon den kleinen Kindern beigebracht. Selbst wenn Sie sonst nur ein paar Brocken Französisch beherrschen, werden Ihre Gastgeber die perfekte Begrüßung anerkennend registrieren.

Noch ein Detail gilt es unbedingt zu beachten: In Frankreich ist es fast eine Kunst, korrekt zu spät zu kommen. Wer pünktlich ist, läuft nämlich Gefahr, die Hausfrau im Arbeitsdress zu erwischen und den Hausherrn möglicherweise in Pantoffeln. Der ganze Ablauf des Abends geriete ins Wanken. Es gibt zwar das schöne Sprichwort: *L'exactitude est la politesse des rois*, Pünktlichkeit ist die Höflichkeit der Könige. Doch die Zeit der Monarchen ist vorbei, eine Viertelstunde Verspätung ist bei einer Einladung das Minimum, eine halbe Stunde noch durchaus im Rahmen. Notfalls empfiehlt es sich, lieber ein paarmal ums Quadrat zu spazieren, als den Franzosen eine Lektion in germanischer Pünktlichkeit zu erteilen, auch wenn Sie das einige Überwindung kostet.

Überraschend dürfte für Sie in den meisten Fällen der erste Eindruck beim Betreten der fremden Wohnung sein. Die Einrichtung wird Ihnen wahrscheinlich auf den ersten Blick etwas ungemütlich vorkommen. In der

Tat sucht man das, was der Durchschnittsdeutsche unter Gemütlichkeit versteht, in französischen Heimen meist vergeblich. Es gibt weder ein Pendant im französischen Wortschatz noch eine Entsprechung in der Realität. Sind Sie bei vornehmen Leuten eingeladen, werden Sie die klassischen, von Generation zu Generation vererbten Louis XVI-Möbel kennenlernen, die ziemlich unbequem, dafür aber stilvoll sind. Oder Sie werden den etwas krampfhaften Versuch erleben, die fehlende Familientradition durch Louis XVI-Imitationen zu kaschieren. Vor allem jüngere Ehepaare versuchen sich gelegentlich auch an modernen Wohnungseinrichtungen. Aber sie sind nur in Ausnahmefällen mit Geschmack und sicherem Gefühl für Stil zusammengestellt; häufig dominieren Kunststoff und Chrom in einer wenig harmonischen Zusammenstellung von Einzelstücken.

Ein Franzose würde Ihnen auf eine solche Beobachtung vermutlich entgegnen: Nicht auf die Möbel kommt es an, sondern auf das, was auf den Tisch kommt. Recht hat er – und wir wären wieder beim eigentlichen Anlaß des Abends. Beim Aperitif wartet man mit knurrendem Magen auf die letzten Gäste. Dann bittet Madame zum Diner. Da Sie mit Messer und Gabel umzugehen wissen, erübrigt sich an dieser Stelle eine Gebrauchsanweisung für das richtige Verhalten bei Tisch. Das heißt, ein paar Kleinigkeiten sind doch anders, als Sie es gewohnt sind. Sie dürfen zum Beispiel Kartoffeln nach Herzenslust mit dem Messer traktieren, was an deutschen Tafeln ja als verpönt gilt. Dagegen ist es unfein, den Salat mit dem Messer zu zerkleinern. Statt dessen werden Salatblätter mit Hilfe eines immer in Reichweite bereitgestellten Stücks Weißbrot kunstvoll auf die Gabel gepackt. Ein bißchen Übung brauchen Sie schon dafür, aber das ist schnell gelernt.

Apropos Weißbrot. Sie werden staunen, was man mit einem Stückchen Baguette alles anfangen kann. Ersetzt es beim Salat das Messer, dann bei der Soße den Löffel. Auch in feineren Kreisen tunkt man ungeniert Brotbrocken in die Soße oder wischt den Teller für den nächsten Gang damit trocken. Die ganz feine Art ist das natürlich nicht, aber wenn's schmeckt, ist manches erlaubt. Brot ißt man zu fast allem, ob Fisch, Fleisch oder Gemüse, natürlich nicht in großen Mengen. Zum Käse ist es unentbehrlich, und zwischen den Gängen läßt sich wunderbar damit spielen. Ja, spielen. Sie brauchen nur Ihrem Tischnachbarn aufmerksam auf die Finger zu schauen. Sie werden beobachten, wie er beim Reden fast unbewußt an einem Stück Brot herumfingert, es knetet, zerbröselt, zerstückelt. Hinterher sieht es auf dem Tischtuch leicht aus wie auf einem Schlachtfeld. Anstoß nimmt daran niemand, Hauptsache das Essen war gut.

Zum Trinken nur soviel: Jeder fängt damit an, wann es ihm gefällt. Die Sitte, darauf zu warten, bis der Gastgeber zum Glas greift und ein paar mehr oder weniger passende Worte der Begrüßung sagt, ist den Franzosen fremd. Niemand käme auch auf die Idee, mit seinem Nachbarn anzustoßen oder über den Tisch hinweg jemandem zuzuprosten. Letzteres wäre ein Zeichen von Vertrautheit, bei Tisch also nicht angebracht. Sollten Sie es sehr geschickt anstellen, könnte die Geste allenfalls noch als Versuch eines Flirts gedeutet werden, was wiederum an französischen Tischen selbstverständlich erlaubt wäre. Ein Toast oder ein paar offizielle Worte sind höchstens gegen Schluß der Mahlzeit zu erwarten, wenn Champagner eingeschenkt wird. Aber der ist bei Einladungen keine Selbstverständlichkeit, sosehr Sie das bedauern mögen.

Bleibt noch das Thema Tischgespräche. Hier gibt es

eine sichere Methode, wie Sie sich besonders gut in Szene setzen können. Beim Essen reden die Franzosen am liebsten übers Essen. Es ist ein beliebtes Spiel, sich gegenseitig mit kulinarischen Kenntnissen zu beeindrucken: mit gesetzten Urteilen über Weine; mit Details über die Neue Küche (längst aus der Mode), Großmutters Küche, Provinzküche; mit dem Hinweis auf ein gerade entdecktes Restaurant; mit der Adresse des garantiert unschlagbaren Gänseleberproduzenten; mit gastronomischen Erlebnissen aus aller Welt. Neben der Kennermiene sind solide Kenntnisse unentbehrlich. Wer blufft, fällt leicht auf die Nase. Rezepte für Bratkartoffeln oder Nudelsalat gelten allerdings in Frankreich bei aller Offenheit für gastronomische Moden nicht als der letzte Schrei.

Bei Essen, Trinken und Reden wird es schnell spät. Daß man sich nach der Mahlzeit in eine Ecke setzt und bei einigen weiteren Flaschen Wein die Zeit vergißt, werden Sie in Frankreich nie erleben. Wein gibt es nur zum Essen, danach werden die Flaschen weggeräumt. Das hat den Vorteil, daß Sie leicht merken, wann es Zeit zum Gehen ist. Sie können immer noch mit einem Kaffee rechnen, zum Abschluß vielleicht mit etwas Hochprozentigem, dem *digestif* oder *pousse café* (etwa: Kaffee-Schieber). Daß Cognac oder Likör wirklich die Verdauung fördert, wie die Bezeichnung *digestif* sagt, ist zu bezweifeln. Sie sind eher klassische »Rausschmeißer«, das Signal zum baldigen Aufbruch. Und wenn es keine Schande ist, als letzter zu kommen, sind doch die besonders sitzfesten Gäste nicht gerade die beliebtesten. Also: *Au revoir Madame, au revoir Monsieur. Et merci beaucoup!* Werden Sie dann noch mit *la bise*, dem Küßchen links-rechts-links, verabschiedet, war der Abend rundum gelungen.

Vive les vacances!

Wer sich einmal aus Versehen am ersten August-Wochenende auf eine französische Autobahn verirrt hat, der wird das mit Sicherheit kein zweites Mal tun. Alljährlich zu diesem Datum fährt die halbe Nation in Ferien. Spätestens Ende Juli bricht ein Fieber aus, als stünde die große Mobilmachung bevor. Die als leidenschaftliche Individualisten gepriesenen Franzosen entwickeln einen ungeahnten Herdentrieb, packen allesamt die Koffer, verwandeln Bahnhöfe, Straßen und Flugplätze in Massenumschlagplätze für Urlauber. Wie auf ein heimliches Signal leeren sich die Städte.

Anfang Juli, mit Beginn der Schulferien, ist der erste massive Schub fällig. Da werden Frau und Kinder aufs Land oder gleich an den Strand geschickt, während *Monsieur* weiter im Schweiße seines Angesichts den Familienunterhalt verdient (und nach Versicherung so mancher daheim gebliebenen Pariserin seine Freiheit genießt). Viele nutzen den Nationalfeiertag am 14. Juli zum Start in den Urlaub. Doch der generelle Exodus findet eben am ersten August-Wochenende statt, da schlägt die Stunde der *aoûtiens*, der »Augustiner«. Vor ein paar Jahren blockierten am 1. August nach hochoffiziellen Angaben zwischen zwölf und dreizehn Uhr Staus von 860 Kilometer Länge die Hauptverkehrsadern des Landes; 13 Millionen Autofahrer, so berichteten die Zeitungen, waren am Wochenende des 1. August 1986 unterwegs. Mit Fleiß wählen auch noch irgendwelche unzufriedenen Zeitgenossen genau diesen Zeitpunkt, um ihren Unmut zu demonstrieren: Zöllner blockieren den Mont-Blanc-Tunnel, aufrührerische Winzer die Autobahn Richtung Spanien, von der Entlassung bedrohte Werftarbeiter das Rhonetal.

Trotz großer Anstrengungen werden Sie es kaum schaffen, diesen eigenartigen Trieb nachzuvollziehen. Die Schulen schließen für nicht weniger als zweieinhalb Monate, an den Stränden ist schon im Juni Badezeit, die Ausländer haben den Spätsommer entdeckt. Doch in französischen Köpfen läuft ein alljährlicher *countdown* ab: Wer sich nicht im August seine Urlaubsbräune holt, der hat etwas Wichtiges verpaßt. Pünktlich an ein und demselben Tag treffen sich die Duponts aus Paris mit ihren Cousins aus dem Norden und den Tanten aus dem Osten am wohlvertrauten Stückchen Strand zur verwandtschaftlichen Idylle. Wo käme man hin, wenn etwa die Pariser früher in Urlaub fahren dürften als die Elsässer oder wenn die Industriearbeiter aus Lothringen länger auf ihr Strandvergnügen warten müßten als die ohnehin von der Sonne verwöhnten Marseiller...

Alle Jahre wieder gibt es aber auch Debatten über das *étalement des vacances*, die Entzerrung der Ferien. Einigen nüchternen Köpfen scheint der Exodus aus den Städten keine gottgewollte Notwendigkeit zu sein. Sie finden es auch nicht unvermeidlich, daß wegen der Konzentrierung von Betriebsferien im August die Industrieproduktion weit stärker zurückgeht als in allen vergleichbaren Industrieländern. Eine kleine Revolution bahnte sich tatsächlich 1980 an: Die Schulferien sollten

Oben: Angler-Idylle mit Superschnellzug TGV
Unten: Urlaub im August: drangvolle Enge am Strand

TGV

in fünf Regionen um insgesamt vierzehn Tage auseinandergelegt werden.

Doch die Lehrergewerkschaft legte sich quer, wohl weil sie argwöhnte, man wolle ihr ein paar Ferientage wegnehmen. Ein Elternverband protestierte, das laufe den pädagogischen Interessen der Kinder zuwider. Von einem Diktat der Tourismus-Lobby war die Rede und davon, daß überhaupt die Industrie an allem Schuld sei, weil sie ihren Mitarbeitern den Urlaubsbeginn diktiere. Genau besehen geht es aber wohl eher darum, daß die Franzosen ungern Abschied von liebgewonnenen Gewohnheiten nehmen, schon gar nicht, wenn es um den Urlaub geht. Für die Familien ist es unvorstellbar, daß die bereits erwähnten Tanten ein paar Tage allein am Strand liegen. Die Vermieter von Ferienwohnungen lassen sich nur schwer davon abbringen, Mietverträge über ganze Kalendermonate abzuschließen. Die Vorstellung, sich schon im Juni oder erst im September auf den Weg zu machen, gilt als geradezu unsoziale Zumutung (und als entsprechend komische Vögel werden die ausländischen Touristen betrachtet, die das im August von seinen Bewohnern verlassene Paris erobern). So gilt weiter das eherne Gesetz französischen Urlaubsverhaltens: Etwa 80 Prozent des Urlaubs werden zwischen Mitte Juli und Ende August genommen. Und wenn auch irgendwo in einem Pariser Ministerium ein hochkarätiges Gremium von Spezialisten am zehnten oder zwölften Bericht zum Thema »Entzerrung der Ferien« sitzen sollte: Zumindest bis zum Jahr 2000 stellen Sie sich besser darauf ein, daß man am ersten Wochenende im August Frankreichs Straßen meidet.

Natürlich ist die Vorstellung ein bißchen übertrieben, daß ganz Frankreich sich am gleichen Tag auf den Weg zu den Stränden von Mittelmeer und Atlantik macht.

Jeder vierte Urlauber fährt heute schon in die Berge, und das ist ein absolutes Novum. Noch vor zehn oder zwanzig Jahren galt Bergwandern als etwas Exotisches, als Zeitvertreib für Einzelgänger. Dabei kann Frankreich gerade hier mehr bieten als alle seine europäischen Nachbarn: Hochgebirge wie die Alpen und die Pyrenäen, wo schneebedeckte Gipfel und Gletscher in schroffe Bergrücken mit südlicher Vegetation und mediterranem Licht übergehen; Mittelgebirge wie die Vogesen mit ihren tiefen Wäldern oder die Cevennen mit ihren felsigen Schluchten; Hochebenen schließlich wie die Causses, die in ihrer Kargheit an eine Mondlandschaft erinnern. Lange waren das allenfalls Urlaubsgegenden für Pensionäre, Kinderferienlager (die berühmten *colonies de vacances*) und ein paar neugierige Ausländer. Markierte Wanderwege gab es ebensowenig wie Verkehrsvereine oder passable Unterkünfte. Und wo sich im Winter die Skiläufer tummelten, herrschte im Sommer Grabesruhe.

Doch hier hat sich manches geändert. Immer mehr Franzosen entdecken die Schönheiten ihres Landes, machen kulturelle Rundreisen, schippern über das endlose Netz von Kanälen, bummeln von einem Schloß zum anderen. Häufig werden Ihnen auch ganze Rudel von Radfahrern begegnen, die wie Rennprofis aufgemacht sind und sich mit schwer verständlicher Begeisterung auf Bergpässe hinaufquälen oder dem Mistral entgegenstemmen. Wegen einer reizvollen Landschaft länger als zwei Tage an einem Ort auszuharren, an dem nichts los ist, scheint allerdings den meisten Franzosen immer noch abwegig. Erholung ist ein Wort, das kaum ins Französische zu übersetzen ist, genau wie Wandern, weil solche Aktivitäten nur wenigen in den Sinn kommen.

Es ist wohl so, daß Urlaub für die Mehrheit der Franzosen die Möglichkeit bedeutet, einmal im Jahr aufzudrehen, die Selbstdarstellung aus vertrauter Umgebung an die Strandpromenade zu verlegen, die muffige Mietskaserne mit dem Campingplatz zu vertauschen. Nicht Abschalten ist gefragt, sondern Feiern und Genießen. Natürlich ist es kein Zufall, daß die Idee der Clubdörfer zuerst von Franzosen entwickelt wurde und bei ihnen nach wie vor am beliebtesten ist. Hier darf jeder Akteur sein und bekommt das Publikum gleich mitgeliefert, und in dieser Atmosphäre schaffen es die Franzosen sogar, Herkunft und soziale Stellung für ein paar Tage zu vergessen. Wenn Sie an dem Trubel Gefallen finden, ist es für Sie die einfachste Sache der Welt, darin einzutauchen. An einem überfüllten Strand wird es Ihnen kaum gelingen, Franzosen und Nichtfranzosen auseinanderzuhalten, für Distanz ist da gar kein Platz. Es sei denn, Sie lassen sich an einem Privatstrand nieder, wo Sie für ein paar Francs Eintrittsgeld nicht nur Anspruch auf einen regelmäßig gesäuberten Strand erwerben, sondern auch Liegen und Sonnenschirm für ein paar Stunden mieten können. Am Hotelstrand hält Ihnen der Strandboy für ein ausreichendes Trinkgeld sogar einen Platz für die Dauer Ihres Aufenthaltes frei. Nur auf den Bau einer Strandburg werden Sie wohl oder übel verzichten müssen, dafür hätte niemand Verständnis.

Noch ein Wort zu einer Urlaubsform, die in mehrfacher Hinsicht ein sehr französisches Phänomen ist: dem Festspieltourismus. Es ist nur scheinbar ein Zufall, daß die bedeutendsten Festivals des Landes ausgerechnet in den heißesten Wochen der heißesten Landschaft stattfinden: in den Städten Aix, Avignon und Orange, im Herzen der Provence. Sie werden jedes Jahr zum

Mekka der Kunstjünger, die ihre frische Bräune zur Schau tragen und zwischen Musen und Strand hin- und herpendeln. Speziell die Pariser Kulturschickeria vereinigt sich alljährlich zum großen Treck in den Süden, um sich unter sommerlichem Sternenhimmel bei Premieren, Cocktails und Vernissagen in der Provence wiederzusehen. Der Rahmen wechselt, die Menschen sind zum großen Teil dieselben wie bei der Routine des Pariser Kulturbetriebes. Während an der Seine das kulturelle Leben Sommerpause hat, wird es einfach in Richtung Mittelmeer verfrachtet. Sehen und gesehen werden – ganz wie zu Hause.

Selbstverständlich gibt es auch viele Franzosen, die solchen Trubel meiden und sich ihre Ferienwochen ganz anders gestalten. So hat in den letzten Jahren eine an sich für französische Gewohnheiten überraschende Urlaubsart Freunde gewonnen: das Rucksackwandern. Das ist im Grunde die beste Methode, das provinzielle, ursprüngliche Frankreich kennenzulernen. Wer abends müde und verschwitzt in einem verlassenen Nest ankommt, sich eine Übernachtungsmöglichkeit sucht, mit solider Kost versorgt wird, mit den Dorfbewohnern ins Gespräch kommt, der erfährt mehr über Land und Leute als in jedem Luxushotel mit edler Küche.

Unvermittelt ist man mitten in einer Diskussion mit dem Dorfpfarrer, holt der Wirt seinen schwarzgebrannten Schnaps aus dem Schrank, werden Erinnerungen und Erlebnisse aufgetischt. In solchen Augenblicken scheint Paris auf einem anderen Stern zu liegen und die Zeit tatsächlich stillzustehen. Der Fremde darf sich dann nicht nur akzeptiert, sondern aufgenommen fühlen. Gerade in den am wenigsten entwickelten Ecken Frankreichs ist nach anfänglichem Mißtrauen der Kontakt zu den Bewohnern am herzlichsten. Zu Fuß lassen sich die Vielfalt der französischen Landschaft und die Größe des Landes am besten entdecken. Viele Dörfer bergen jahrhundertealte Kostbarkeiten, die ein Autotourist nie erfährt, Geschichte begegnet einem buchstäblich auf Schritt und Tritt.

Ein solches Frankreicherlebnis können Sie mühelos vorbereiten. Das ganze Hexagon ist durchzogen von den weiß-rot markierten Tourenwegen, den GR (*Sentiers de Grande Randonnée*). Für jeden GR gibt es eine ausführliche Beschreibung in Form von Broschüren, aus denen Verpflegungs- und Übernachtungsmöglichkeiten genauso zu ersehen sind wie Zug- oder Busanschlüsse. Unterwegs kann es Ihnen dann schon passieren, daß Ihnen tagelang kein Mensch begegnet. Es soll aber auch *randonneurs* geben, die den *Michelin* im Rucksack mitschleppen und ihre Etappe so organisieren, daß sie weder auf gediegenen Komfort noch auf kulinarische Genüsse zu verzichten brauchen. Die Gefahr, daß das ungetrübte Naturerlebnis dabei zu kurz kommen könnte, läßt sich leicht ausschalten. Und Massenandrang besteht auf den GR nicht, dafür sind sie einfach zu mühselig.

Selbst auf den einsamsten Touren werden Sie indes gelegentlich über Dinge stolpern, die Ihnen nicht gefallen. Da entdecken Sie Autowracks, die in eine Schlucht gestürzt wurden und dort vor sich hinrosten; Sie stoßen an landschaftlich besonders schönen Punkten auf häßliche Zweckbauten; Sie wundern sich über verschmutzte Gewässer; schwelende Abfallhalden verpesten die Luft, Müllkippen stören manche Idylle. Ein Franzose wird sich über solche Begegnungen mit zerstörter Natur kaum erregen. Für ihn ist die unberührte Natur in aller Regel kein Wert an sich. Wo viel Platz ist, hat auch Müll Platz, und das Autowrack ist sowieso spätestens nach einigen Jahren von Grünzeug überwuchert.

Derartige Reaktionen haben etwas mit dem generellen Verhältnis des Franzosen zur Natur zu tun. Er betrachtet sie als so etwas wie einen Rohdiamanten, der erst durch Bearbeitung seinen vollen Wert erhält. Das goldene Weizenfeld ist im französischen Verständnis ein Zeichen von Reichtum, und niemand wird dem Wald nachtrauern, der ihm hat weichen müssen. Natur zu beherrschen ist das Ziel, nicht, sie unberührt zu erhalten. Deutlichstes Indiz für dieses Bedürfnis ist der Park *à la française*. Ganz im Gegensatz zum englischen Park, in dem die gewachsene Natur so weit wie möglich erhalten bleibt, wird sie im französischen Park in ein streng geometrisches Konzept gezwängt: akkurat geschnittene Hecken, symmetrisch angeordnete Wasserläufe, wie mit dem Lineal gezogene Wege und als Höhepunkt möglichst ein kunstvoll angelegtes Labyrinth aus undurchdringlichem Gehölz.

Ein fast schon makabres Beispiel für gebändigte Natur sind die brutal gestutzten Alleebäume im ganzen Land. Das Herz wird Ihnen bluten, wenn Sie die nackten Platanen vor sich sehen, die ihre amputierten Zweige in den Himmel strecken. Franzosen finden diese Gewaltkur nicht nur natürlich, sondern unentbehrlich. Seit Generationen ist man das Massaker mit der Säge gewohnt, und unbeirrt wird man Ihnen erklären, das sei der Gesundheit der Bäume dienlich. Sie dürfen dann ruhig auf dem Standpunkt beharren, daß das Zurückstutzen Selbstzweck ist, zumal wenn Sie das Gefühl nicht teilen können, damit habe man die unkontrollierte Natur sicher im Griff.

Die Franzosen gehen meist noch einen Schritt weiter: Natur ist in den Dienst von Fortschritt und Technik zu stellen. Flüsse sind dazu da, Abwässer aufzunehmen, und kaum jemand hätte Verständnis für die Entscheidung, eine Fabrik zu schließen, nur weil sie einen Fluß zur Kloake macht. Die Gefährdung der Umwelt ist nun einmal der Preis, den man für die Industrialisierung zahlen muß. Luftverunreinigung oder Geruchsbelästigung sind keine ernst zu nehmenden Argumente, ästhetische Überlegungen ein Luxus. Natur kann guten Gewissens verbraucht werden, weil es ja soviel davon gibt.

In Frankreich ist einfach mehr Platz als anderswo. Was macht es schon, wenn irgendwo im Lande ein Bach vergiftet wird, wo zigtausend andere unbeschädigt vor sich hin plätschern. Nur die finstersten Pessimisten können sich vorstellen, daß ein Ökosystem einmal kippen könnte. Seit Jahren gehen jeden Sommer entlang der Côte d'Azur und in Korsika die Wälder in Flammen auf. Allein 1986 verbrannten 40000 Hektar Wald, ein Gebiet von der doppelten Größe der Lüneburger Heide. Mitten in der südlichen Ferienlandschaft sind heute ganze Hänge und Bergrücken verkohlt, von Regengüssen ausgewaschen und kaum mehr aufzuforsten. Nach jedem Waldbrand werden flammende Reden gehalten. Doch damit hat sich's auch schon, die Natur wird die Schandflecke im Laufe der Zeit schon wieder mit Grün bedecken (sofern das abgebrannte Terrain nicht gleich in Bauland umgewandelt wird).

Ökokatastrophen sind für unsere Nachbarn typisch deutsche Wahnvorstellungen. Die Diskussion um bleifreies Benzin oder den Katalysator hat in Frankreich nie stattgefunden. Allenfalls eine Handvoll engagierte Wissenschaftler oder Ökologen zerbrechen sich den Kopf über brisante Themen wie Waldsterben und sauren Regen. Schäden wurden zwar mancherorts bereits festgestellt, doch das bringt niemanden um den Schlaf, dafür

Französische Kontraste: Getreideernte vor Atommeilern

fehlt das Umweltbewußtsein. Das können Sie auch im Kleinen beobachten. Kein französischer Autofahrer käme zum Beispiel auf die Idee, beim Warten vor einer geschlossenen Bahnschranke den Motor abzustellen. Lieber wird er die Gelegenheit nutzen, schnell seinen vollen Aschenbecher auf die Chaussee zu leeren.

Vertrauen in Natur und Technik gleichermaßen gipfeln in der praktisch uneingeschränkten Bejahung der Atomkraft. Niemand stört sich daran, daß neben den Loire-Schlössern oder zwischen den Weinbergen des Rhonetals Atommeiler stehen. Manche von ihnen sind sogar ausgesprochene Touristenattraktionen geworden und können zum Teil besichtigt werden. Natürlich gibt es auch historische und politische Gründe dafür, daß Frankreich 1986 zwei Drittel seines Strombedarfs in Kernkraftwerken produzierte und daß es mit 45 funktionsfähigen Reaktoren (18 weitere waren gleichzeitig im Bau) alle europäischen Rekorde schlug. Voraussetzung für diese Entwicklung war aber sicher auch, daß die Bevölkerung daran kaum Anstoß nimmt. Daß der Fortschritt unter Umständen seinen Preis hat, darüber sind sich die Franzosen so einig wie über kaum eine zweite Frage.

Wenn Sie im September in Frankreich unterwegs sind, werden Sie feststellen, daß das Ferienende ähnlich dramatisch abläuft wie der Ferienbeginn. Dabei geht es allerdings weniger um die verstopften Autobahnen und chaotischen Verhältnisse auf Bahnhöfen oder Flughäfen. Die Rückkehr aus dem Urlaub, *la rentrée*, findet in den Medien statt, beschäftigt die Politiker, ist ein Markstein für das gesamte soziale Leben. Es ist, als ob die Nation einem neuen Anfang entgegenfieberte, als ob mit einem Schlag das öffentliche Leben nach der Sommerpause neu einsetzte.

Zunächst geht es um die Schulen, die *rentrée scolaire*. Die Textilbranche preist die richtige Kleidung für Schulanfänger an, Kaufhäuser annoncieren preiswerte Schulartikel, alles dreht sich um die lieben Kleinen, die in ihre Klassenzimmer zurückkehren und neu ausstaffiert werden müssen. Gleichzeitig wird die Organisation des Schulbeginns zu einer gigantischen Materialschlacht, etwa nach dem Schema: Wie kann das Aufeinandertreffen von 600000 Lehrern und zwanzigmal so vielen Schülern gemeistert werden? Hier wütet wieder einmal der französische Zentralismus. Paris versetzt Lehrer, schließt Schulen, macht neue Klassen auf. Eine gegen ihren Willen versetzte Lehrerin oder ein erkrankter Lehrer bringen das System ebenso an den Rand des Zusammenbruchs wie eine falsch kalkulierte Erfolgsquote beim Abitur oder die unvorhergesehenen Umzüge einiger kinderreicher Familien. Wenn dann in der kleinsten Schule der hintersten Provinz etwas nicht klappt, wird folgerichtig der Erziehungsminister persönlich haftbar gemacht. Nicht ohne Logik, denn wenn die Gemeinden oder Regionen mehr Autonomie im Schulwesen hätten, müßten sie für Pannen selber geradestehen. So bestimmt Paris und bezieht demgemäß die Prügel.

Daneben ist Anfang September die *rentrée politique* Tagesgespräch. Die politische Sommerpause ist zu Ende, die Regierung wird wieder aktiv, die Abgeordneten kehren nach Paris zurück, die Parteien produzieren Erklärungen am laufenden Band, die dann wiederum von den Medien sorgfältig nach ihrem Neuigkeitswert abgeklopft werden. Und wenn sich die Gemüter endlich erhitzen, dann war die *rentrée* ein Erfolg, weil sie heiße Diskussionen in den folgenden Monaten verspricht.

Wichtig ist auch noch eine andere Spielart: die *rentrée sociale*. Damit ist die Taktik der Gewerkschaften gemeint, die gerne nach der Sommerpause die Kampfbereitschaft ihrer Basis testen. Deuten solche Tests auf Unzufriedenheit oder gar Streik, zieht ein Raunen durch den Blätterwald: Der heiße Herbst steht bevor! Spätestens dies ist das sicherste Indiz, daß die Ferienzeit zu Ende ist – und das alle Jahre wieder.

Wie französisch sind die Franzosen?

Sicher haben Sie eine genaue Vorstellung vom »typischen« Franzosen. Er ist eher klein und rundlich, trägt eine Baskenmütze auf dem Kopf, die Gauloise ist in den Mundwinkel geklemmt und die Baguette unter den Arm; sie ist grazil, charmant, elegant, strömt Erotik aus, und ein kokettes Lächeln umspielt ihre Lippen. Auch das weiß jedes Kind: Franzosen sind ausgeprägte Individualisten, lieben die Genüsse des Lebens und *toujours l'amour*, tragen die Trikolore im Herzen und lokkere Reden auf der Zunge.

Wenn Sie lange genug suchen, können Sie mit ein bißchen Glück »Ihrem« Franzosen tatsächlich begegnen. Nur: typisch wäre er mitnichten. Schon an der Grenze dürfen Sie sich wundern. Viele Zöllner und Beamte der Grenzpolizei sind kaffeebraun, so als wären sie frisch aus der Karibik importiert. In den Städten fällt als erstes das bunte Gemisch fremdländischer Gesichter auf; es gibt besonders viele dunkelhäutige Postbeamte und Briefträger, nicht nur von den Antillen, sondern auch von der Insel Réunion im Indischen Ozean. Sie alle sind Franzosen, genau wie die jungen Arbeiter in den Automobilfabriken, die jeder für Nordafrikaner hält, oder die mandeläugige Schöne, die Sie im vietnamesischen Restaurant bedient. Frankreichs Fußballidol Platini hat einen italienischen Namen, Tenniscrack Noah ist dunkelhäutig. Es gibt hohe Beamte mit arabischen Namen (wie die Präfekten Mahdi Hacene und Akli Khider, beide in Algerien geboren) und Diplomaten, von denen man eher annehmen würde, daß sie angesichts ihres Namens ein fernöstliches Land und nicht Frankreich vertreten. Und der so typisch französische Star Yves Montand heißt eigentlich Ivo Livi und kam erst als Kind von Italien nach Marseille. Da scheint die Frage gar nicht unbegründet: Wie »französisch« sind die Franzosen?

In der Schule wurde den Kindern über Generationen hinweg der Spruch *nos ancêtres les Gaulois* eingebleut. Diese Behauptung, die Gallier seien die Vorfahren der Franzosen von heute, ist eine arge Vereinfachung. Elf Millionen Franzosen haben zumindest einen ausländischen Ahnen in den letzten vier Generationen aufzuweisen: Italiener und Spanier, Polen und Russen, Vietnamesen und Afrikaner, ein paar Deutsche sind vor allem dank der wechselhaften Geschichte von Elsaß und Lothringen wohl auch dabei. Frankreich hat bis heute so viele Einwanderer aufgenommen wie Australien. Schon lange vor der Kolonialisierung im vorigen Jahrhundert fing diese Vermischung an. Einmal brauchte Frankreich Soldaten, dann war Zuzug vom Ausland aus demographischen Gründen erwünscht. Frankreich war aber auch Durchzugsland und Ziel für Flüchtlinge und Emigranten. Zu Recht nennen die Franzosen ihr Land *terre d'asile*, Land der Zuflucht. Mit beachtlicher Toleranz wurden fremde Kulturen assimiliert, die heute Bestandteil des französischen Erbes sind.

Dazu kommen einige Besonderheiten. Wer in Guadeloupe, Martinique, Guyana oder Réunion lebt, ist Franzose mit allen Rechten und Pflichten, weil diese Gebiete in Übersee Departements sind, also nicht ir-

So stellen viele sich den Franzosen vor – nie ohne Baguette

gendwelche Territorien mit kolonialem Status. Und wer immer in Frankreich das Licht der Welt erblickt – sei es auch nur zufällig –, der erwirbt bei Erreichen der Volljährigkeit die uneingeschränkte Staatsangehörigkeit seines Geburtslandes, egal woher die Eltern stammen. Diese Möglichkeit nutzen heute vor allem die Kinder von Gastarbeitern aus dem Maghreb, die in Frankreich aufgewachsen sind, sich der arabischen Kultur entfremdet haben und nicht daran denken, in das ihnen weithin unbekannte Land ihrer Väter zurückzukehren. 1983 wurden immerhin 17000 Fälle dieser »Einbürgerung« gezählt.

Schon Charles de Gaulle soll gespottet haben, man müsse wohl sein Dorf Colombey-les-Deux-Eglises (Colombey zu den zwei Kirchen) bald in Colombey-les-Deux-Mosqués (also zu den beiden Moscheen) umtaufen. Damit ist ein Problem angesprochen, das Frankreich wie viele seiner Nachbarländer beschäftigt: die angebliche Überfremdung durch Gastarbeiter aus aller Welt, vor allem aber aus Algerien und Marokko. Etwa 4,5 Millionen Ausländer leben heute in Frankreich. Ähnlich wie in der Bundesrepublik wurde ein Großteil von ihnen bis in die siebziger Jahre als billige und zudem unentbehrliche Arbeitskräfte von Industrieunternehmen regelrecht »eingekauft«. Das größte Kontingent stellen die Portugiesen, doch die werden Ihnen nicht auffallen. Genau wie die Italiener und Spanier haben sie sich so angepaßt, daß sie allenfalls noch an ihrem Akzent als *immigrés* (Zuwanderer) zu erkennen sind. Gleicher Kulturkreis, gleiche Religion, verwandte Sprache – hier gibt es kaum die typischen Gastarbeiterprobleme.

Anders bei den 1,3 Millionen »Arabern«, wie die Zu-

Sie machen die Schmutzarbeit: ausländischer Arbeiter

wanderer aus dem islamischen Norden Afrikas abschätzig genannt werden. Sie wollen ihre Sprache und ihre Kultur erhalten und sich nur bedingt an französische Lebensgewohnheiten anpassen. Deshalb sind sie auch zum Ärgernis geworden, bis hin zu rassistischen Reflexen und politischen Hetztiraden. Dabei können Sie sogar als Tourist feststellen, wie stark in manchen Bereichen diese Gruppen und die anderer Gastarbeiter mittlerweile sind. Wenn das Centre Pompidou, das heute mehr Besucher zählt als der Louvre, geschlossen bleibt, dann streiken wahrscheinlich die mit Nord- und Schwarzafrikanern besetzten Putzkolonnen für bessere Löhne; Franzosen machen diese Dreckarbeit nicht. Genausowenig in der Metro, wo sich nach wenigen Tagen die Ratten in den Stationen tummeln, sobald nicht jeden Tag gefegt wird. Oder in den Straßen von Paris, wo sich stinkende Abfallberge zum Himmel türmen, weil die (zur Hälfte mit Ausländern besetzte) Müllabfuhr im Ausstand ist. Übrigens wird heute auch jedes vierte Auto und jeder dritte Kilometer Autobahn von Gastarbeitern gebaut, ohne sie müßten Renault und Peugeot ihre Fabriken schließen.

Das Gastarbeiter- und Ausländerproblem hat auch einen exotischen Aspekt: In Paris können Sie heute eine kleine Weltreise machen. Chinatown zum Beispiel liegt zwischen der Place d'Italie und der Porte de Choisy im 13. Arrondissement. Chinesen, Vietnamesen, Kambodschaner, Thais und Laoten besiedeln hier die riesigen Mietskasernen, betreiben Schneiderwerkstätten in Hinterhöfen, asiatische Restaurants und Supermärkte. In der Goutte d'Or, hinter dem Montmartre, konzentrieren sich seit den fünfziger Jahren die »Araber«, aber auch Schwarzafrikaner und Antillesen. Gut zwei Drittel der Bewohner sind hier nichtfranzösischer Herkunft.

Die eher slawischen Akzente finden Sie rund um die Kathedrale Alexander Newski mit ihren vergoldeten Zwiebeltürmen in der Rue Pierre-le-Grand, doch das ist nicht viel mehr als eine bescheidene Reminiszenz an die Tage der russischen Emigration.

Ihrer Vorstellung vom typischen Franzosen dürfte auch kaum entsprechen, daß unser Mann mit Gauloise, Baguette und Baskenmütze unter Umständen gar nicht französisch spricht. Natürlich könnte er, wenn er wollte, aber oft geht's ihm gegen den Strich. Die Basken etwa sprechen und schreiben ein Idiom, das mit der französischen Sprache nicht einmal entfernt verwandt ist. Bretonisch ähnelt dem in Wales, jenseits des Ärmelkanals heimischen Gälisch. Elsässisch ist ein allemannischer Dialekt, durchsetzt mit französischen Vokabeln, der in Basel oder in Freiburg leicht verstanden wird. Die Korsen führen ihre Sprache direkt auf das Lateinische zurück, Korsisch hört sich ähnlich wie Italienisch an. Ein Dichter, der auf Okzitanisch schrieb (Frédéric Mistral), bekam für sein Werk sogar den Nobelpreis für Literatur und krönte damit eine traditionsreiche Kultursprache; denn im Mittelalter war Okzitanisch, speziell in seiner provenzalischen Ausprägung, zeitweise eine internationale Sprache, in der die Troubadoure an den Fürsten- und Königshäusern Europas sangen.

Anders aber als im deutschen Sprachraum gibt es in Frankreich nur wenig ausgeprägte Dialekte. Ein Bewohner von Lille wird einen Marseiller trotz anderen Tonfalls und regional geprägten Wortschatzes ohne Schwierigkeiten verstehen, was sich bekanntlich von einem Berliner und einem Tiroler nicht immer sagen läßt. Doch es existieren ein halbes Dutzend autonomer Sprachen, die sich neben dem Französischen entwickelt und erhalten haben. Das ist mehr als eine liebevolle Marotte zur Erhaltung der Folklore. Sprache transportiert in den französischen Regionen immer auch Kultur, Selbstverständnis, Streben nach Autonomie.

Das konnte Paris, die stolze Hauptstadt, schon vor dreihundert Jahren nicht ertragen. Die absolutistischen Könige setzten im ganzen Land ihre Intendanten als Statthalter ein. Die Große Revolution ließ die Präfekten über die nationale Einheit wachen. Napoleon verkündete im gleichen Sinne: »Die grundsätzlichen Ideen müssen vom Zentrum ausgehen.« Und dieses Zentrum war und ist bis heute Paris, die politische, wirtschaftliche und kulturelle Schaltzentrale des Landes.

Paris und die französische Wüste hieß ein 1947 erschienenes Buch, dessen Titel zum geflügelten Wort wurde. In der Tat ist die Zweiteilung zwischen der Hauptstadt und dem Rest des Landes noch heute zu beobachten. Wer nicht (wie ein Fünftel der Franzosen) in und um Paris wohnt, der lebt eben in der Provinz – und das klingt nach provinziell, auch wenn damit eine Millionenstadt wie Marseille gemeint ist. Wenn sich jemand von einer der sechs Ecken Frankreichs auf den Weg in die Hauptstadt macht, dann sagt er: *Je monte à Paris*, ich steige nach Paris hinauf. In Paris sind Geld und Macht konzentriert, hier macht man Karriere. Sehen Sie sich Fernsehnachrichten an, alles dreht sich um Paris. Stöbern Sie in einer Buchhandlung, kein Verlag von Bedeutung existiert außerhalb von Paris. Werfen Sie einen Blick auf Theater- oder Konzertprogramme, keine Provinzstadt kann mit Paris konkurrieren. Ein Kulturleben wie in einer deutschen Durchschnittsstadt gibt es nicht. Natürlich ist es auch kein Zufall, daß die paar in Paris erscheinenden Tageszeitungen als »natio-

Pariser Alltag: Afrikaner im Viertel der Goutte d'Or

RUE

nale Presse« gelten, der Rest als (natürlich provinzielle) Provinzblätter.

Der jahrhundertealte Zentralismus hat absonderliche Blüten getrieben. Verwaltung und Erziehungswesen trieben das Bedürfnis nach nationaler Einheit bis zur Nivellierung. Regionale Sprachen waren aus den Schulen verbannt. Der Bürgermeister einer Großstadt mußte beim zuständigen Minister in Paris anklopfen, wenn er ein Krankenhaus erweitern oder eine Straße ausbauen wollte. Gemeinden und Regionen wurden in totaler Abhängigkeit gehalten, alle Fäden liefen in Paris zusammen.

Anfang der siebziger Jahre brach dann der Kampf gegen den sturen Zentralismus los. Das war die Blütezeit des neuen Regionalismus, wobei zum Kampf ums wirtschaftliche Überleben der Kampf um mehr kulturelle und politische Autonomie kam. Die jungen Leute wollten in ihrer angestammten Provinz einen Arbeitsplatz finden, folkloristische und ökologische Strömungen priesen die Tugenden des Landlebens. Zur alternativ inspirierten Verweigerung der Industriekultur, des Zentralstaates und seiner Bürokratie kamen nationalistische und separatistische Ideen, deren Anhänger vor der Anwendung von Gewalt nicht mehr zurückschreckten. Vor allem auf Korsika und in der Bretagne wurde sabotiert und gebombt. Bezeichnend ein Kampfaufruf, den 1975 die »Republikanische Bretonische Armee« verbreitete: »Der Imperialismus zwingt das bretonische Volk wie alle kolonisierten Völker zu einem langen, harten und schwierigen Kampf um die nationale Befreiung.« Auf Korsika gab ein Anführer der Autonomiebewegung die Devise aus: »Wenn sich die französische Regierung dazu entschließt, die Politik des langsamen Völkermordes fortzusetzen, dann müssen wir zum Blutvergießen bereit sein.«

Noch heute können Sie auf der Insel Napoleons Inschriften an Häuserwänden finden, die »Franzosen raus« fordern, immer noch werden die Symbole des Zentralismus bei Nacht- und Nebelaktionen in die Luft gesprengt. Doch das sind im Grunde die letzten Rückzugsgefechte unverbesserlicher Revolutionäre. Seit die sozialistische Regierung 1982 ein mutiges Programm der Dezentralisierung in die Wege leitete, hat sich die Lage entkrampft. An der Universität von Rennes werden Diplome in Bretonisch vergeben, in Toulouse halten Professoren Vorlesungen über okzitanische Literatur, im Elsaß werden Schulkinder nicht mehr dafür bestraft, daß sie elsässisch sprechen.

Sogar die Bürgermeister haben heute eine Autonomie, von der sie vor einigen Jahren kaum zu träumen wagten. Regionale Parlamente verfügen erstmals in der Geschichte des Landes über eigene Budgets. Daß die regionalen und lokalen Instanzen mit der neuen Freiheit oft nichts Rechtes anzufangen wissen, ist nicht erstaunlich, zu lange standen sie unter der Kuratel des Zentralstaates. Doch jetzt sind die Weichen für die regionale Autonomie gestellt, ohne daß die unablässig beschworene nationale Einheit auch nur im entferntesten auseinanderzubrechen droht.

Doch kommen wir zu unserer Ausgangsfrage zurück: Wie französisch sind die Franzosen? Ganz oben auf der Liste der scheinbar unumstößlichen Erkenntnisse steht der eingewurzelte Individualismus. Jedes Kind weiß doch, daß Franzosen Individualisten sind; daß sie das Chanson erfunden haben, die Deutschen dagegen den Chorgesang; daß die Deutschen nach Eintracht streben, die Franzosen dagegen den Konflikt, auch in Politik und Gesellschaft, nie scheuen. *Chacun pour soi, Dieu pour nous tous*! Jeder für sich, Gott für uns alle – welcher

Spruch könnte den Franzosen und seine Einstellung zur Gemeinschaft besser charakterisieren.

Wenn das alles so einfach wäre! Gewiß, Belege für diese These finden Sie immer wieder. Am deutlichsten wird ihnen wohl auffallen, daß an vielen Häusern die Klingelschilder fehlen. Wenn Sie jemanden besuchen wollen, finden Sie den Namen oft nicht einmal an der Wohnungstür; allenfalls die Initialen des Hausherrn, diskret in den Schuhabstreifer eingefärbt, geben Aufschluß über das gesuchte Appartement. Ein ganzer Berufsstand verdankt diesem Umstand seine Existenz: die *concierge*, äußerst unvollkommen mit Hausmeisterin oder Pförtnerin übersetzt. Sie gibt Auskunft, wer wo wohnt, sofern das nicht ohnehin an ihrer Kleinstwohnung angeschlagen ist. Sie nimmt dem Briefträger die Post ab und verteilt sie (hoffentlich) weiter. Sie weiß nicht nur bestens, was sich in ihrem Hause tut, sondern redet auch mit Begeisterung darüber. Hausierer und Vertreter kommen nur über ihre Leiche in die Etagen. Und das alles, weil sich die Hausbewohner gerne in die Anonymität flüchten.

Ihre solide Stellung hat die *concierge* mit dem Vordringen der Gegensprechanlagen an den modernen Wohnsilos verloren. Doch die These vom Individualismus finden Sie auch an anderer Stelle bestätigt. Wenn Sie etwa französische Freunde anrufen, werden Sie nie erleben, daß sie sich (wie in Deutschland selbstverständlich) mit ihrem Namen melden. Entweder sagen sie *allô* in die Muschel oder einfach *oui* – in jedem Fall warten sie darauf, daß Sie sich zu erkennen geben. Der angerufene Teilnehmer hat so den Vorteil, sich zu überlegen, ob er wortlos aufhängt oder mit Ihnen redet. Sollten Sie sich verwählt haben oder stimmt die Nummer nicht, ist solches Verhalten fatal; denn Sie werden es nicht schaffen, sich nach der richtigen Nummer zu erkundigen, vorher ist die Leitung unterbrochen.

An Post- und Bankschaltern, bei der Krankenversicherung oder in der Polizeiwache suchen Sie in aller Regel vergeblich nach dem Namen der Frau oder des Mannes hinter dem Schalter. Auch hier die Scheu, den eigenen Namen preiszugeben. Schon 1975 wurde von der Regierung angeordnet, daß an jedem Behördenschalter der Name des jeweiligen Beamten zu stehen habe – ohne Effekt. Zehn Jahre später verkündete wieder ein Premierminister, diesmal im Fernsehen: »Heute nachmittag habe ich meinen Ministern geschrieben: In drei Monaten muß die Anonymität der Beamten aufgehoben sein« – wieder ohne nennenswerten Erfolg. Nach wie vor sind auch Behördenbriefe durchweg mit einem unleserlichen Kringel anstelle einer Unterschrift versehen.

Doch schließen Sie nicht aus solchem Hang zur Anonymität automatisch auf bedingungslosen Individualismus. Von de Gaulle ist überliefert, daß er seine Franzosen mit einer Schafherde verglich, die hinter ihrem Leithammel herläuft. Der General meinte das (aus gutem Grund) vor allem politisch. Die Beobachtung läßt sich jedoch übertragen: Besuchen Sie eine Sportveranstaltung oder eine politische Kundgebung, den Auftritt eines Showstars oder (was allerdings noch Seltenheitswert hat) des Papstes. Sie werden genau die gleiche Massenhysterie antreffen wie anderswo auch. Vom vielgerühmten Individualismus ist nicht viel zu erkennen.

Im übrigen sind die Franzosen genauso eifrige Vereinsmeier wie wir Deutschen. Da wird gekungelt und debattiert, werden Statuten ersonnen und Pöstchen besetzt (vom *Secrétaire Général* bis zum *Président*), wird getrunken und gestritten – ganz wie anderswo auch.

Eine halbe Million Vereine gibt es angeblich in Frankreich, vom Anglerclub bis zur Vereinigung zum Schutz der französischen Sprache. Ausgeprägte Individualisten müssen all die Vereinsmitglieder nicht unbedingt sein.

Was dagegen in Frankreich kaum anzutreffen ist, sind Bürgerinitiativen, Nachbarschaftskomitees, Stadtteilclubs, sofern sie nicht von politischen Instanzen ins Leben gerufen worden sind. Das mag wohl doch mit einer speziellen Ausprägung des Individualismus zusammenhängen: dem nur spärlich entwickelten Gefühl, für den anderen mitverantwortlich zu sein. Der 1974 verstorbene Staatspräsident Georges Pompidou, ein solider Mann aus der Provinz, hielt seinen Landsleuten ihre »tiefe Egozentrik« und ihren »fehlenden Gemeinschaftssinn« vor. Das heißt zum einen, daß es einem Franzosen in der Regel völlig gleichgültig ist, wenn irgend jemand eine Verkehrsvorschrift mißachtet. Nie käme er auf die Idee, deswegen nach der Polizei zu rufen (es sei denn, er erleidet dabei Schaden), niemand wird Sie zur Rede stellen, weil Sie verbotenerweise den Rasen betreten oder falsch parken. Nicht von ungefähr spotten die Franzosen, in Deutschland habe es nie eine Revolution gegeben, weil kein Mensch bei Rot über die Straße gehe.

Zum andern steckt hinter dieser Grundhaltung aber auch eine Menge Gleichgültigkeit gegenüber der Allgemeinheit, der mit dem gängigen Begriff *Je m'en fous* (etwa: Das ist mir schnuppe) ausgedrückt wird. Jeder soll seinen Lebensraum so gestalten, wie er es für richtig hält, und sollte es ihm dreckig gehen, ist das sein Problem. Individualismus *à la française* heißt also auch wenig entwickelter Gemeinschaftssinn, Diskretion steht dicht neben Gleichgültigkeit, Gelassenheit neben Disziplinlosigkeit. Das alles als Tugend des Individualismus zu rühmen, dürfte ein bißchen undifferenziert sein. Doch wem das Prinzip »leben und leben lassen« mehr zusagt als moralisierende Appelle an den Gemeinsinn, der wird sich in Frankreich wohlfühlen.

Ein weiteres Klischee, von dem Sie sich besser verabschieden, ist die sprichwörtliche französische Höflichkeit. Wundern Sie sich nicht über die folgende Erfahrung. Sie halten mit einem freundlichen »Bitte schön, Madame« einer Unbekannten die Tür des Fahrstuhls auf und hoffen auf ein *merci* oder ein Lächeln. Doch die Dame schreitet an Ihnen vorbei und läßt ein kühles *pardon* fallen. Kein Dank, sondern eine Entschuldigung, jemanden belästigt und eine Geste der Höflichkeit in Anspruch genommen zu haben. Der unvergessene Josef Müller-Marein, ein Mann von ausgeprägter Freundlichkeit, stellte einmal fest: »Die Reisenden, denen auffällt, daß der Pariser Gruß nicht ›Bonjour‹, sondern ›Pardon‹ heißt, haben gut beobachtet.« Und er wies völlig zu Recht darauf hin, *pardon* könne nicht nur »Entschuldigung« heißen, sondern auch »Entschuldigen Sie mal!«. Das wäre dann fast schon eine Drohung.

Ein ganzes Vokabular scheint auf den ersten Blick die These von der landesüblichen Ritterlichkeit zu untermauern. Der Kavalier kann doch nichts anderes sein als ein Nachfahre des französischen *chevalier*. Wo sollte Galanterie herstammen, wenn nicht aus der Tradition des französischen Hofes? Genau wie die Koketterie und natürlich der Charme, der sich gar nicht eindeutschen läßt, weil er so französisch ist. Gebildete Leute wissen natürlich auch, daß Finesse, Nonchalance und gepflegte Manieren zum *savoir vivre* unserer Nachbarn gehören.

Vielleicht war das einmal so. »Seit Jahrhunderten genießen die Franzosen den gänzlich unzutreffenden Ruf des höflichsten Volkes«, schrieb schon Friedrich Sieburg. Er fügte Beispiele hinzu: »Geradezu faszinierend ist ja die Unhöflichkeit der Ladenbesitzer, der Kellner, der Kutscher und all derjenigen Leute, die eigentlich im Interesse ihres Gewerbes zum Entgegenkommen gezwungen sind.« Gott in Frankreich sei's geklagt: Das gilt heute wie damals, in Paris in besonderem Maße. Von den Taxifahrern war bereits die Rede, die nicht gerade Vorbilder in Sachen Zuvorkommenheit sind. Lassen Sie sich auch nicht verdrießen, wenn Ihnen die Kassiererin des Supermarkts das Wechselgeld hinwirft, als sei es ein Knochen für den Hund ihres Intimfeindes; sie wird schließlich nicht für Freundlichkeit bezahlt, sondern dafür, daß die Kasse stimmt.

Daß Ihnen in der Metro jemand auf den Fuß tritt, damit müssen Sie rechnen, aber erwarten Sie um Himmels willen keine Entschuldigung. Drängeln Sie, so gut es geht, wenn Sie auf ein Taxi warten, höfliche Zurückhaltung zahlt sich nicht aus. Sollte Ihnen im überfüllten Bus jemand einen Platz anbieten, dann hält er Sie entweder für schwanger (sofern Sie eine Dame sind), für einen Invaliden – oder Sie sind tatsächlich dem Ausnahmefranzosen begegnet, der alles Gerede über die Unhöflichkeit Lügen straft. Als Ausländer sollten Sie trotz allem nie zögern, Ihre gute Erziehung zu demonstrieren. Helfen Sie ruhig (sofern Sie ein Herr sind) einer Unbekannten in den Mantel. Sie ist das nicht gewöhnt und wird Sie eher mißtrauisch als lobend anschauen, weil sie sich auf weitere Annäherungsversuche eingestellt hat. Im Prinzip unverfänglich ist auch, wenn Sie Ihrer Tischnachbarin im Bistro Feuer geben, doch sie wird amüsiert abwarten, was Sie wohl sonst noch zu bieten haben...

Gewiß, die französischen Behörden überschlagen

sich bisweilen vor Freundlichkeit. Schickt Ihnen das Finanzamt beispielsweise den Steuerbescheid, dann vermeldet ein Inspektor achtungsvoll, er habe die Ehre, Ihnen mitzuteilen, daß Sie »ihm« Steuern schulden. Seine Zahlungsaufforderung endet mit dem schönen Satz: »Ich bitte Sie, Madame, Monsieur, den Ausdruck meiner vorzüglichen Hochachtung entgegenzunehmen.« Gerade dieses Beispiel demonstriert, daß es sich bei der Höflichkeit um reine Leerformeln handelt, Förmlichkeiten, die ihren Inhalt verloren haben und es paradoxerweise gestatten, zu den Mitmenschen auf Distanz zu gehen. Dahinter steckt gewiß Unsicherheit, die Angst, eine Geste der Höflichkeit könnte als Anbiederung, mangelnde Souveränität oder gar als Unterwürfigkeit ausgelegt werden. Formen bedeuten auch Diskretion. Im Privatleben helfen sie, bei aller Nähe Distanz zu wahren, die das Zusammenleben der Generationen erträglicher macht.

So dosiert wohl mancher Franzose seine freundlichen Gesten, läßt seinen Charme für die Mitmenschen sprühen, die er wirklich mag. Er weiß in der Regel zu unterscheiden zwischen reservierter Distanz und korrektem Benehmen, einer höflichen Reverenz und dem spontanen Ausdruck von Freude. Mit ein bißchen Übung werden Sie die Variationen problemlos erkennen lernen. Vor allem werden Sie ziemlich schnell gewahr werden, daß Franzosen die freundlichsten Menschen der Welt sein können, wenn man Ihnen die Chance gibt, auf Freundlichkeit zu antworten.

An dieser Stelle wird es Zeit, Sie auf etwas hinzuweisen, was Sie so nur in Frankreich geboten bekommen: die Selbstdarstellung seiner Bewohner. Schauen Sie sich einmal in Ruhe auf einem belebten Pariser Boulevard um, wie die Leute angezogen sind. Auf den ersten Blick scheint der Satz zutreffend: Erlaubt ist, was Spaß macht. Da gibt es zunächst die biedere Linie, wie sie von den Massenmodeblättern mit ihren Schnittbögen und Strickmustern in großer Auflage unters Volk gebracht wird; Ihrer Vorstellung vom »typischen französischen Chic« entspricht das bestimmt nicht. Es werden aber auch die buntesten Fetzen zu einer verwegenen Aufmachung kombiniert. Großmutters Kleiderschrank oder der halbe Flohmarkt scheinen geplündert worden zu sein, kein Gesetz der Mode ist mehr auszumachen. Unkonventionell ist ein milder Ausdruck für das, was – durch abenteuerliches Make-up noch herausgeputzt – an Ihrem Auge vorbeizieht.

Nach der eleganten Pariserin sieht das gewiß nicht aus, nicht einmal nach einem Modetrend. Hier hat ganz einfach die Phantasie Auslauf, das ist Straßentheater in all seinen Varianten. Es wird natürlich nicht überall gleich inszeniert. In den feineren Quartiers sind die bunten Fetzchen verpönt, hier dominiert ein Stil von der Art BCBG. Das ist eine gängige Abkürzung, die *bon chic, bon genre* bedeutet und einer klassischen bis blasierten Eleganz entspricht. Für die junge Dame heißt das Grundschema: marineblauer Faltenrock, grauer Kaschmir-Rollkragenpullover, Perlenkette, schwarze Ledertasche mit daran festgeknotetem Seidentuch Marke Hermès. Sehen Sie sich im 16. Pariser Arrondissement, in Neuilly oder am Boulevard Saint-Germain bei *Science Po*, der Hochschule für Politik, um, und Sie werden dieser bürgerlichen Version der Selbstdarstellung auf Schritt und Tritt begegnen.

Zugegeben, diese Gegenüberstellung ist reichlich

Oben: Verwahrt und wohlbehütet: Kinder vor der Dorfschule
Unten: Für viele Franzosen ein zweites Zuhause: das Bistro

schematisch, aber sie zeigt die Extreme, deren Devise lauten könnte: Scheinen ist Sein. Die Variationen zum Thema werden Sie bald herausfinden. Insider wissen genau, was gerade *en vogue* ist, und richten sich danach. An der Art etwa, wie ein Schal getragen wird, und an der Farbe lassen sich unter Umständen Rechte, Linke, Schwule, Singles, Models, Trendsetter oder Provinzmäuse erkennen. Selbstverständlich gibt es unter BCBG's genauso viele Differenzierungsmöglichkeiten wie unter Gammel- und Luxusgammelträgern. Wenn Sie diesen Code entziffern wollen, müssen Sie sich allerdings von einem absoluten Insider einweihen lassen. Die Erkennungszeichen wechseln mindestens einmal pro Saison, weshalb Ihnen hier die *Gebrauchsanweisung* nicht weiterhelfen kann.

Der beste Logenplatz für dieses Theater ist das Café oder Bistro. Henry Miller, der nicht nur stille Tage in Clichy verbrachte, beschrieb seinen Pariser Beobachtungsposten liebevoll: »An einer Ecke der Place Clichy befindet sich das Café Wepler, das lange Zeit mein Stammlokal war. Ich habe dort drinnen und draußen gesessen, zu allen Tageszeiten und bei jedem Wetter. Für mich war es ein aufgeschlagenes Buch. Die Gesichter der Kellner, der Geschäftsführer, der Kassiererinnen, der Huren, der Gäste, ja sogar der Toilettenfrauen haben sich mir eingeprägt wie die Illustrationen eines vertrauten Buches.«

Ein anderer passionierter Kneipengänger, Ernest Hemingway, lange Stammgast in der Pariser Closerie des Lilas, schrieb in seinen Memoiren (*Paris, ein Fest fürs Leben*) so manchen Satz über das Theater im und um das Bistro. Etwa den: »In jenen Tagen gingen viele Leute in die Cafés an der Ecke des Boulevard du Montparnasse und des Boulevard Raspail, um von allen gesehen zu werden, und in gewisser Weise waren solche Cafés Vorgänger der Klatschkolumnisten – täglicher Ersatz für die Unsterblichkeit.«

Dieses Spektakel findet an den Boulevards und Plätzen jeder französischen Stadt statt, der Zuschauer wird unvermittelt zum Akteur, das Stück »Sehen und gesehen werden« ist immer neu – und das alles für den Preis einer Tasse Kaffee. Bistros waren für Künstler und Intellektuelle aller Schattierungen auch der Ort, an dem sie hofhielten oder sich die Köpfe heiß redeten. Die Schriftstellerin Simone de Beauvoir, mit ihrem Lebensgefährten Jean-Paul Sartre jahrelang Stammgast im Café Flore, hat die Atmosphäre festgehalten: »Die kleine Gemeinde der Getreuen, die sich dort täglich traf, gehörte nicht ganz zur Bohème und nicht ganz zur Bourgeoisie. Die meisten hatten lose mit dem Film und mit dem Theater zu tun. Sie lebten von unsicheren Einkünften, Notbehelfen und Hoffnungen...Sie verbrachten ihren Tag damit, in kurzen, blasierten, von Gähnen unterbrochenen Sätzen ihren Ekel zu verströmen. Des Klagens über die menschliche Sauerei war kein Ende.«

Zerbrechen Sie sich nicht den Kopf darüber, was nun der Unterschied zwischen Bistro, Café, Brasserie oder Bar ist. Die Vielfalt der Bezeichnungen hat überwiegend historische Gründe, und zwischen Bistro de la Gare, Café des Amis, Brasserie de la République und Bar du Commerce besteht heute oft kein Unterschied mehr. Nutzen Sie das Bistro als etwas, was Sie zu Hause nicht haben: zum Ausruhen, Diskutieren, Telefonieren, Zeitunglesen, Essen, Trinken, Warten, Aufwärmen, Flippern – und vor allem zum Staunen. Genießen Sie die französische Trink- und Tresenherrlichkeit. Lassen Sie sich vor allem Zeit dabei; auch wenn Sie die

Rechnung schon bezahlt haben, können Sie sitzen bleiben, so lange Sie wollen.

Ist das nun typisch französisch? Machen Sie sich solche Verallgemeinerungen nicht allzu leicht. Es gibt »den« Franzosen mit Sicherheit genausowenig wie »den« Deutschen, jedes Beispiel hat sein Gegenbeispiel. Vorschnell sehen wir Exzentrisches als typisch an, obwohl es durchaus nicht repräsentativ ist. Manches fällt uns auf, weil wir es nicht gewohnt sind als Ausländer; schon ist es »typisch französisch«, wenngleich es bereits an der nächsten Straßenecke das Gegenteil zu sehen gibt. Und leider ist der erste Eindruck häufig genauso falsch wie so manches langlebige Klischee.

Vielleicht möchten Sie aber trotz allem wissen, wie sich »der« Franzose am liebsten selber sieht? Der britische Professor Theodore Zeldin, mit französischer Kultur und Geschichte bestens vertraut, gab eine verblüffende Antwort: wie Asterix. Und so liest sich seine Erklärung: »Asterix ist klein und häßlich, aber er ist ein pfiffiger Kerl, mutig und unbesiegbar. Er ist kein kultivierter Pariser, besitzt aber Bauernschläue; er hat nicht den Ehrgeiz, ein Star zu sein, ist nur ein Sternchen zu einer Fußnote (›astérisque‹). Fast ist er eine Mickey Mouse, doch eine, die sich manchmal zum Supermann mausert.«

Französisch und unsterblich

Daß die Franzosen auf ihr Land stolz sind, haben wir – teils neidisch, teils amüsiert – schon mehrfach feststellen können. Stolz sind sie nicht nur auf ihre Geschichte, ihre Küche, ihre technischen Spitzenleistungen. Im Mittelpunkt eines regelrechten Kults steht für jeden halbwegs gebildeten Franzosen alles, was mit seiner, der französischen Sprache zu tun hat. Die Debatte darüber, ob sie im Zeitalter der Massenmedien einen Niedergang erlebt oder nicht, ist ein nationales Anliegen, über das der Staatspräsident genauso öffentlich philosophiert wie Madame und Monsieur Dupont beim Diner unter Freunden. Die Franzosen sind stolz darauf, daß in Schwarzafrika, im kanadischen Quebec, auf Haiti oder ein paar gottverlassenen Südseeinseln ihre Sprache gesprochen wird. Sie sprechen von »Frankophonie«, einer Gemeinschaft französischsprachiger Länder und Kulturen, die von Staats wegen gepflegt wird. Und wo auf der Welt gibt es das sonst, daß auch ein Restaurant (die Brasserie Lip auf dem Boulevard Saint-Germain) oder ein Café (das Deux Magots auf der anderen Straßenseite) jedes Jahr einen Literaturpreis vergibt?

Da verwundert es kaum, daß die obersten Wächter über die Sprache als »Unsterbliche« gelten und daß sich der Staat verpflichtet fühlt, Reinheit und Klarheit der Sprache zu bewahren. Das gibt es in der Tat nur in Frankreich: ein öffentliches Institut wie die Académie

Française, die seit 1635 gemäß ihrer Satzung die Aufgabe wahrnimmt, der »Sprache bestimmte Regeln zu geben, sie rein, beredt und fähig zu machen, die Künste und Wissenschaften zu behandeln«. Diese Institution hat Revolutionen, Kaiser, Kriege und fremde Besatzungen überlebt und durch ihre Existenz über die Jahrhunderte demonstriert, welchen Stellenwert die Sprache in diesem Land hat. Ihre vierzig Mitglieder, Schriftsteller oder Leute, die sich dafür halten, sind die »Unsterblichen«. Deren Hauptaufgabe ist (neben der respektheischenden Selbstdarstellung) die Herausgabe eines allgemein verbindlichen Wörterbuchs, also einer Art Staatsduden. Dieses hehre Werk erschien erstmals 1694, und seitdem ist die Académie in ihrem Kuppelbau am Pariser Quai de Conti nicht nur die höchste Sprachinstanz im Lande, sondern auch der Olymp der Literaten.

Man könnte auch sagen: der Olymp derer, die sich selbst für auserwählt halten. Herausragende Vertreter der französischen Literatur haben nämlich den Sprung in diese Kaste nie geschafft. Molière, Balzac, Flaubert, Stendhal, Zola oder Proust sind zwar unsterblich, aber durch ihre Werke. Die Académie wollte sie in ihren Reihen nicht sehen. Immer wenn ein Unsterblicher ablebt, kooptiert der Olymp den Nachfolger, und da geht es sehr menschlich zu. Heute muß sich ein Kandidat dem fast erniedrigenden Buhlen um die Gunst der Unsterblichen unterwerfen. Die Kunst der Selbstdarstellung, wohl auch der Schmeichelei, ist dabei oft wichtiger als ein großes literarisches Werk. Viele sind über persönliche Animositäten, Intrigen oder politische Differenzen gestolpert. Manchem zuversichtlichen Aspiranten hat man Chancen vorgegaukelt, um ihn dann erbarmungslos fallenzulassen.

Wer sich durchsetzen kann, wird für seine Mühen mit einem glanzvollen Zeremoniell belohnt, nachdem er dem Staatspräsidenten als oberstem Protektor der Académie vorgestellt wurde. Bei der feierlichen Aufnahme steht die Garde Républicaine in ihren Bilderbuchuniformen und mit gezogenem Säbel Spalier, und der Neuankömmling wird von den Seinen im prächtigen, goldbestickten Frack empfangen. An die 10000 Mark kostet übrigens diese maßgeschneiderte Uniform der Unsterblichkeit – sofern nicht der Rock eines Verblichenen aus der Garderobe der Académie hervorgeholt wird.

Doch zurück zur Sprache. Friedrich Sieburg schrieb in seinem Buch *Gott in Frankreich?* den Satz: »Daß die Mißhandlung und Beschmutzung der Sprache auch heute noch als eine öffentliche Schmach im Lande gilt, ist das Verdienst der Académie.« Das klingt etwas pompös, trifft aber den Kern. Nach wie vor arbeiten die Unsterblichen jeden Donnerstagnachmittag an ihrem großen Wörterbuch. Die achte und bisher letzte Auflage erschien 1935, und in dem seither vergangenen halben Jahrhundert sind die Sprachwächter über die Mitte des Alphabets nicht hinausgekommen; immerhin erschien 1986 der Buchstabe *A* in der neunten Auflage. Das mag daran liegen, daß viele den wöchentlichen Termin schwänzen. Manche schreiben das Schneckentempo aber auch der mangelhaften Kompetenz zahlreicher Unsterblicher zu. Schon der alte Spötter Voltaire lästerte, die Académie bestehe aus »vornehmen Personen, wohlsituierten Herren, Prälaten, Diplomaten, Pillendrehern, Feldmessern, ja sogar Schriftstellern«.

Heute sitzen in den Reihen der Auserwählten auch Biologen, Mediziner, Theologen, Militärs, die sich nicht unbedingt durch ein literarisches Œuvre ausgezeichnet haben. Und in den Debatten geht es offensichtlich nicht immer ausgesprochen literarisch zu. So wird berichtet, daß es beim Buchstaben *C* eine lange Kontroverse über die Definition des Wortes *croque-monsieur* gegeben habe: Kommt bei dem gebackenen Schinkentoast eine Scheibe Schinken zwischen zwei Scheiben Käse, oder liegt der Käse zwischen zwei Scheiben Schinken? Überliefert ist eine bemerkenswerte Replik von Marschall Joffre, der aus unerfindlichen Gründen in den Rang eines Sprachkünstlers aufgestiegen war. Von seinen unsterblichen Kollegen nach dem Unterschied zwischen einer Kanone und einem Maschinengewehr gefragt, soll er geantwortet haben: »Die Kanone macht bumbum, das Maschinengewehr tatata.«

Natürlich ist die Académie Française nicht zuletzt auch ein gesellschaftlicher Jahrmarkt der Eitelkeiten. Jeder schreibende Franzose würde es als höchste erreichbare Ehre empfinden, in die Reihe der vierzig Unsterblichen aufzusteigen und hinter seinen Namen das Prädikat *Membre de l'Académie Française* zu setzen: nicht zuletzt ein treffliches Verkaufsargument für die eigene literarische Produktion. Darüber hinaus weist es seinen Träger als Angehörigen der geistigen Elite des Landes aus. Das ist selbstverständlich in einem Land, in dem Literatur allgegenwärtig ist – zumindest in den Kreisen, die das Lesen noch nicht verlernt haben.

Einmal im Jahr kann man die Bedeutung des gedruckten Wortes besonders eindrucksvoll erleben: zur Saison der Literaturpreise. Kurz nach den Sommerferien fängt sie an. Wochenlang wird in den Medien de-

Oben: Die Unsterblichen: Mitglieder der Académie Française im Galadress
Unten: Die Elite von morgen: Schüler der Ecole Polytechnique in Paradeuniform

battiert, wer die besten Chancen hat, das Rennen zu machen. Die Verlage lancieren gezielt ihre Autoren, denn ein großer Literaturpreis gilt für den französischen Durchschnittsleser als ein Gütesiegel und katapultiert den preisgekrönten Titel vielfach in die Bestsellerlisten. In den Schaufenstern der Buchläden werden die auserkorenen Werke mit einer roten Bauchbinde und Aufschriften wie »Prix Goncourt«, »Fémina«, »Médicis« oder »Prix Renaudot« geziert. Diese vier sind die begehrtesten unter schätzungsweise 1500 literarischen Auszeichnungen, die in Frankreich alljährlich vergeben werden. Allein die Académie Française steuert fast 150 davon bei. Höhepunkt der Prämierungskampagne ist stets der »Prix Goncourt«, jedes Jahr im November. Der Laureat bekommt nur lumpige 50 Francs neben der Ehre, dafür kann er unversehens mit einer Auflage von 200000 oder 400000 Exemplaren rechnen. Wichtiges Detail: Die Goncourt-Jury trifft ihre Entscheidung bei einem ausgiebigen Mittagsmahl im Pariser Restaurant Drouant, und es versteht sich von selbst, daß mit dem Namen und dem Werk des Preisträgers stets auch das komplette Menu in den Zeitungen erscheint.

Ein Wirbel also, wie er in deutschen Breiten nicht vorstellbar ist. Undenkbar für uns auch eine zweite französische Spezialität: die ausgeprägte literarische Ambition von Politikern und Diplomaten. Hier läßt sich Staatspräsident François Mitterrand anführen, dessen schriftstellerisches Talent selbst von seinen politischen Gegnern gerühmt wird. Oder sein Vorgänger Valéry Giscard d'Estaing, der im Fernsehen ein regelrechtes Kolleg über Guy de Maupassant gab. Oder Präsident Georges Pompidou, dessen Anthologie französischer Poesie zum Standardwerk wurde. Lang ist die Liste der schreibenden Diplomaten: Chateaubriand war

Botschafter genau wie Paul Claudel oder Saint-John Perse, der Nobelpreisträger des Jahres 1960. Umgekehrt verschmähten Literaten keineswegs die politische Karriere, wie der Minister Alphonse de Lamartine oder der Deputierte Victor Hugo.

Nun werden Sie sich nicht mehr darüber wundern, daß es in Frankreich selbstverständlich ist, politische Pressekonferenzen oder Fernsehdebatten mit literarischen Anspielungen zu spicken. Auch die Tradition, Französisch als Sprache der Diplomatie zu betrachten, wird verständlich. Das kann kaum daran liegen, daß das gallische Idiom eine größere Präzision oder differenziertere Ausdrucksweise erlaubt als andere Sprachen. In Vokabular und Gestaltungsmöglichkeit ist das Französische etwa im Vergleich zum Deutschen eher beschränkt. Doch der Umgang, den die Franzosen mit ihrer Sprache pflegen, ist erstaunlich. Sie ist ihnen nicht nur ein Ausdrucksmittel, sie stellt vielmehr einen Wert an sich dar, der Pflege verdient. Bei Diskussionen in Frankreich fällt dem sprachkundigen Ausländer immer wieder auf, welches Gewicht die Form hat, in der man etwas ausdrückt; die Eleganz des Stils hat im Zweifelsfall genausoviel Bedeutung wie die Aussage selbst. Für deutsche Ohren klingt das leicht nach hohlen Phrasen und verleitet zu dem Schluß: Bei den Franzosen bringt's nur die Verpackung, nicht der Inhalt. Hingegen wird die Freude am brillanten Formulieren von ihnen als Tugend betrachtet; sie lernen es auf der Schule bis hin zu den Eliteanstalten, wo die Kunst der Rhetorik mindestens ebenso wichtig ist wie die Kenntnis von Paragraphen – oder von Fremdsprachen.

Damit sind wir bei einem Stichwort, das häufig Anlaß zu Mißverständnissen oder gar Ärger gibt. Sie werden schnell feststellen, daß die meisten Franzosen mit

Fremdsprachen auf Kriegsfuß stehen. »Wir sind für Fremdsprachen nicht begabt«, lautet ein beliebtes und zu Unrecht strapaziertes Argument. Es ist vielmehr eine willkommene Rechtfertigung dafür, daß der Durchschnittsfranzose eigentlich von einem ausländischen Besucher erwartet, daß er seine Sprache beherrscht. Die Einstellung hat Tradition. Bereits der Schriftsteller Rivarol, ein Zeitgenosse Voltaires, erklärte in einer (von der Berliner Akademie preisgekrönten) »Rede über die Universalität der französischen Sprache«: »Der Franzose, den alle Nationen besuchen, kann es für entbehrlich halten, zu ihnen zu reisen oder ihre Sprachen zu lernen, weil er überall seine eigene antrifft.«

Noch heute werden Sie den größten Eindruck machen, wenn Sie sich in gepflegtem Französisch ausdrükken, nicht weil Sie Ihrem Gesprächspartner dadurch signalisieren, daß Sie ihm ebenbürtig sein wollen, sondern weil Sie ihm das Kompliment machen, seine Sprache zu lieben und sie gerne zu benutzen. Sie akzeptieren praktisch seine Waffe für ein rhetorisches Duell, das ihm mehr Freude bereitet als eine tiefschürfende, aber durch Übertragung in eine andere als die französische Sprache notwendigerweise ihrer Eleganz beraubte Diskussion.

Mit fremdsprachigen Namen pflegen die Franzosen einen selbstbewußten Umgang. Das krampfhafte Bemühen, Eigennamen korrekt auszusprechen, kennt der Franzose nicht. Im Radio heißt es, jetzt folge ein Stück von Jean-Sébastien Back, womit der Leipziger Thomas-Kantor gemeint ist. Auch Henri de Kleist begegnet einem da gelegentlich oder Henri Heine (»Ähn«), der immerhin lange in Paris gelebt hat und von dem Charles de Gaulle kurzerhand behauptete: *Il est des nôtres*, er gehört zu uns. Wenn Sie von einem gewissen Politiker namens »Adenohär« hören, weiß Ihr mittlerweile geübtes Ohr gleich, daß es sich nur um Konrad Adenauer handeln kann. Versuchen Sie aber um Gottes willen nicht, den Spieß umzudrehen und aus Charles de Gaulle einen gewissen Karl von Gallien zu machen. Man würde Sie zwar nicht des Landes verweisen, aber zumindest mit tödlichen Blicken durchbohren.

Im übrigen macht es sich gut, wenn Sie gelegentlich in eine Konversation ein paar deutsche Begriffe einfließen lassen, die unsere Nachbarn als Fremdwörter übernommen haben. Bei politischen Themen empfehlen sich Vokabeln wie *le kriegspiel, l'ostpolitik, la realpolitik, la mitteleuropa*. Oder wenn Sie erklären, *le leitmotiv* der Grünen sei der Kampf gegen *le waldsterben*, dann sind Sie als Kenner der französischen Sprache ausgewiesen. Um Mißverständnisse zu vermeiden: Spricht ein Franzose von *le schuss*, brauchen Sie nicht in Deckung zu gehen. Er meint eine Schußfahrt auf Skiern. Und vermeiden Sie den klassischen Fehler von Anfängern: Fragen Sie nicht nach *le friseur*, den gibt's nur zu Hause, in Frankreich heißt er *coiffeur*.

Ein paar deutsche Brocken haben unsere Nachbarn anstandslos geschluckt, doch seitdem die Jeans- und Coca-Cola-Kultur auch ihr Land überflutet, ist das im Gefolge entstandene *franglais* zum Ärgernis geworden. Diese Mischung aus Französisch (*français*) und Englisch (*anglais*) ist in der Tat heute allgegenwärtig. Den Ausdruck erfand der Sprachwissenschaftler René Etiemble, der 1964 mit dem Bestseller *Parlez-vous franglais*? gegen das zu Feld zog, was er als linguistische Kolonisierung durch die Yankees anprangerte. Da redeten (und reden) die Franzosen doch tatsächlich von Toasts und Cocktails, verlangten beim Barman einen Long drink, fanden Pin-ups sexy und suchten (natürlich nicht nur am Weekend) nach einem Parking oder einem Water-Closet und schreckten nicht davor zurück, aus dem guten alten Bistro einen Drugstore oder gar ein Fast Food zu machen.

Es ist selbstverständlich, daß sich die Regierung in Paris nicht nur um Wohl und Sicherheit ihrer Bürger kümmert, sondern auch um die verletzte Reinheit der Sprache. Sprachbewußt prägte Jacques Chirac 1975, als er zum erstenmal Premierminister war, den entscheidenden Satz: »Auch die Qualität unserer Sprache trägt zur Lebensqualität bei, und es ist höchste Zeit, das zu erkennen.« Aus der Erkenntnis entstand ein Gesetz über den Gebrauch der französischen Sprache, das zum Beispiel unter Strafe verbot, Stellenanzeigen, Arbeitsverträge, Gebrauchsanweisungen oder Annoncen aller Art in einer anderen als der französischen Sprache zu formulieren, es sei denn, die Übersetzung wird mit abgedruckt. Mehrfach wurden Sprachsünder zu Geldstrafen verurteilt: Fluggesellschaften, weil sie ihre Tickets ausschließlich englisch druckten; Phono-Gesellschaften, weil sie rein englischsprachige Platten und Plattenhüllen auf den Markt brachten; die staatliche Pariser Oper, weil sie das Programmheft einer gastierenden Truppe ausschließlich auf Englisch anbot.

Wichtiger als diese manchmal kabarettreifen Aktionen ist die sprachschöpferische Tätigkeit, die unter Aufsicht der Regierung einer Reihe von Gremien anvertraut wurde, an ihrer Spitze selbstverständlich der Académie Française. Seit Jahren werden neue Ausdrücke geprägt, um dem *franglais* den Garaus zu machen. Der Walkman wurde beispielsweise aus dem französischen Wortschatz getilgt; er heißt jetzt *baladeur* (etwa: Flanierer). Auch Brainstorming ist den Franzosen untersagt; sie dürfen allenfalls noch ihre »Hirnhäute bewegen«, denn das ist die wörtliche Bedeutung des neuen Ausdrucks *remue-méninges*.

Beide Begriffe haben eine echte Chance, sich durchzusetzen. Nicht ganz so sicher ist das bei vielen Fachwörtern aus der Wirtschaftswelt. Der Self-Service, von Asterix und Obelix als Selfservix zum französischen Kulturgut erhoben, wird die Neuschöpfung *libre service* wohl überleben. Genau wie die englisch abgefaßten Flugtickets, denn der Jetset (pardon: der Düsenflugzeugbenutzer) braucht in der Regel keine Übersetzungshilfe für den erfolgreichen Check-in. Und ganz unter uns: Gegen *le jogging* ist auch in Frankreich kein Kraut gewachsen.

Als elegante Notlösung hat die Académie schon vor Jahren die einfache Französisierung vielgebrauchter Lehnwörter vorgeschlagen. Aus dem Manager wurde so der *manageur*, also der »Manaschör«, den ohnehin jeder Franzose schon so aussprach. Der Drugstore verwandelte sich nur insoweit, als die Unsterblichen ihren Landsleuten die Aussprache »Drögstor« ans Herz legten. Gegen Hotdog, Big Mac, Burger King und Cheesburger waren die Sprachhüter und Worterfinder mit Staatsauftrag bisher machtlos. Ob sie überhaupt wissen, um welche importierten Köstlichkeiten es sich da handelt? Ein Unsterblicher dürfte allenfalls noch das gute, alte Bifteck kennen, und das klingt auch nicht sehr französisch. In dieser Sparte kommen Sie ohne Französischkenntnisse zurecht – aber Sie ahnen jetzt, welche subtilen Genüsse Ihnen damit bei der Reise über den Rhein entgehen.

Ehre, wem Ehre gebührt

Wenn Sie sich gewissenhaft auf Ihre Frankreichreise vorbereitet haben, dann wissen Sie, daß über der Französischen Republik seit der Revolution von 1789 der Leitspruch *Liberté – Egalité – Fraternité* steht, also Freiheit, Gleichheit, Brüderlichkeit. Schauen Sie auf die Portale öffentlicher Gebäude oder auch nur auf die kleinste Franc-Münze: Überall entdecken Sie den republikanischen Leitspruch unserer Nachbarn, die offensichtlich auch in ihrer Fünften Republik noch eine Schwäche für revolutionäre Parolen haben.

Um viel mehr als ein stolzes Überbleibsel aus der Geschichte handelt es sich aber kaum. Mit der Freiheit haben unsere Nachbarn keine Probleme, Brüderlichkeit ist jedermanns Privatsache. Und die Gleichheit? Sie wird überall dort ausgeschaltet, wo es dem eigenen Nutzen dient. Nicht, daß die Franzosen ein Volk herzloser Egoisten wären. Aber in aller Regel gilt doch die Devise: Wer sich einmal ein Privileg erkämpft hat, der verteidigt es mit Zähnen und Klauen. Wo immer sich Hierarchien erhalten oder neu gebildet haben, da wird verbissen an ihnen festgehalten. Klar, daß jeder auf der Leiter des Erfolges lieber oben als unten steht, das ist bei uns genauso. Was aber anders ist in Frankreich, ist der Respekt, den man der »Elite« zollt, sei sie nun selbsternannt, zäh erkämpft oder gar vom Staat herangezogen.

Dabei geht es (anders als bei uns) weniger darum, sich mit Titeln zu schmücken. Keinem Menschen in Frankreich fiele es ein, jemanden mit Herr oder Frau Doktor anzusprechen. Über diese typisch germanische Spielart der Eitelkeit machen sich die Franzosen zu Recht lustig. Wäre ein Franzose als *Docteur* Dupont bekannt, könnte er (oder sie) nur Arzt sein, eventuell auch Tierarzt. Hierarchische Titel haben ebenfalls keinen großen gesellschaftlichen Wert, schon wegen ihres inflatorischen Vorkommens. So gilt beispielsweise der Spruch: Jeder Franzose ist mindestens einmal in seinem Leben Präsident. Aber *Monsieur le Président* kann sowohl Chef eines Industriekonzerns wie Vorsitzender eines Kaninchenzüchtervereins sein. Mit der auch jenseits des Rheins verbreiteten Vereinsmeierei gibt es fast zahllose Möglichkeiten, ein entsprechendes Pöstchen zu erobern. Den dazugehörigen Titel nimmt man nicht allzu ernst, die Ehre hält sich in Grenzen.

Mit vielleicht einer Ausnahme: dem Ministertitel. Wer einmal in seinem Leben auf einem Minister- oder Staatssekretärsessel saß, der hat einen moralischen Anspruch darauf, zeitlebens mit *Monsieur* oder *Madame le Ministre* angesprochen zu werden. Es gibt eine Reihe von Fällen, wo ehrenwerte und unauffällige Bürger nur wenige Tage einen solchen Posten besetzt hielten. Der Titel, den sie diesem Intermezzo verdankten, hat sie stets bis an ihr Lebensende begleitet.

Geradezu verbissen wird in Frankreich um Privilegien gekämpft, wenn sie materielle Vorteile bringen. Architekten, Notare oder Konkursverwalter verteidigen zum Beispiel ein altes, einträgliches Vorrecht: Sie kassieren als Entgelt jeweils einen festen Prozentsatz vom Wert des übernommenen Auftrags. Piloten, Stewardessen, Photographen und Journalisten dürfen

30 Prozent ihres Einkommens von der Steuer absetzen, obwohl niemand mehr die Gründe kennt. Das heißt, bei den Presseleuten läßt sich der Ursprung des Privilegs ausmachen. Ein Regierungschef der 1940 untergegangenen Dritten Republik wollte sich auf diesem Weg die Journaille gewogen stimmen, und keiner seiner Nachfolger hat es seitdem gewagt, das lukrative Vorrecht zu beschneiden.

Dies ist ein Phänomen, das Ihnen in Frankreich oft auffallen wird: Was historisch gewachsen ist, hat einen Wert an sich und wird nur ungern umgestoßen. Dazu gehören ebenso Privilegien, die keinen Sinn mehr haben. Charles de Gaulle hatte so unrecht nicht mit dem Satz, seine Landsleute lebten mit dem »Wunsch nach Privilegien und dem Sinn für die Gleichheit«. Der Staat sorgt selbst für die Möglichkeit, aus der Masse der Gleichen hervorzutreten und zu einer Art »republikanischer Elite« aufzusteigen: mit Hilfe von Auszeichnungen aller Art, vor allem Orden. Wie Schmuckstücke werden sie behandelt, mit Stolz werden sie getragen.

Nun denken Sie nicht, Franzosen hängten sich Orden um den Hals, wenn sie zum Essen ausgehen. Sie müßten schon in ein Galadiner (oder eine Opernsoirée) geraten, um die glänzenden Sterne an Hals und Brust bewundern zu können. Aber sicher begegnen Ihnen auf Schritt und Tritt Franzosen, die mit einem schmalen roten Bändchen am Rockaufschlag oder einem roten Hütchen im Knopfloch herumlaufen. Sie haben dann ein Mitglied der Ehrenlegion vor sich, und wer »Legionär« ist, gibt das auch zu erkennen, notfalls am Kragen seines Regenmantels. Der dazugehörige Satz des selbstbewußten Patrioten: »Die Auszeichnung der Ehrenlegion verlangt man nicht, man verweigert sie nicht, man trägt sie!«

Im Mai 1802 schuf Napoleon die Légion d'Honneur, einen Verdienstorden »als Zeichen der Tugend, der Ehre und des Heldentums«. Um diesen Orden reißen sich die Franzosen noch heute. Wo die Deutschen mit ihren Titeln protzen und den Dr. oder gar Prof. Dr. auf das Türschild schreiben, da befriedigt der Franzose seine Eitelkeit mit der Ehrenlegion. Wer sie besitzt, druckt sie auf Visitenkarten, Heiratsanzeigen und offizielle Einladungskarten; in keinem Lebenslauf und keinem Nachruf wird sie fehlen.

Offiziell ist natürlich von Ehrgeiz oder Eitelkeit keine Rede. General Georges Catroux etwa, von 1954 bis 1969 Großkanzler und damit Oberhaupt der Ehrenlegion, begründete den Glanz des napoleonischen Erbstücks so: »Beruht die unverminderte, unvergleichliche Ausstrahlung der Ehrenlegion in Frankreich und in der ganzen Welt nicht darauf, daß sie auf dauerhaften spirituellen Werten wie Ehre, Vaterland, Gleichheit begründet ist, die allen Franzosen wie allen Menschen teuer sind?« Napoleon war da viel realistischer: »Man soll mir eine einzige moderne und historische Republik zeigen, in der es keine Auszeichnungen gegeben hat!... Man nennt das ›Plunder‹. Eh bien, dann führt man Menschen eben mit Plunder.«

Heute gibt es nicht wenige Bürger, die an den Staatspräsidenten schreiben (oder schreiben lassen), um ihre Verdienste und Ansprüche ins rechte Licht zu rücken. Das ist allerdings nicht die gängige Methode für den, der im Kampf ums rote Band reüssieren will. In der Regel führt der Weg zu offiziellen Ehren über ein Ministerium. Jeder Minister verfügt über ein Kontingent von Orden, dessen Umfang sich nach der Bedeutung des Ministeriums richtet.

Dreimal im Jahr (am 1. Januar, an Ostern und zum

Nationalfeiertag am 14. Juli) wird der Ordenssegen über die guten Bürger ausgestreut. Und wer genau wissen will, wem die Ehre der Legion zuteil geworden ist, der braucht nur eine Zeitung aufzuschlagen. Selbst so gediegene Blätter wie der Pariser *Le Monde* drucken seitenlang die Namen Hunderter von Ausgezeichneten ab. Es soll Leser geben, die solche Seiten mit der gleichen Aufmerksamkeit studieren, mit der in deutschen Landen die Verlautbarungen des Standesamtes in Lokalblättern unter die Lupe genommen werden.

Wie man den Schritt in die Elite schafft? Am besten, man kennt die richtigen Leute – und das ist auch politisch zu verstehen. Das Magazin *Le Point* brachte das subtile Spiel einmal auf den Nenner: »Um in die Ehrenlegion aufgenommen zu werden, ist eine politische Empfehlung nicht immer obligatorisch, aber sie ist zu empfehlen. Und wer Empfehlung sagt, der sagt auch Abgeordneter aus dem Regierungslager oder besser gleich Minister.« Aber wer kennt schon einen Minister? So werden Gemeinderäte, Bürgermeister und Abgeordnete mit Bittgesuchen eingedeckt – zwecks Weitergabe mit einem Hinweis darauf, daß der Bittsteller selbstverständlich im richtigen Lager steht.

Materielle Vorteile hat der Dekorierte kaum. Zunächst muß er sich die Auszeichnung selber kaufen, was im billigsten Fall 250 Francs für das zehnzackige Kreuz am Band und das rote Bändchen für den Jackenkragen kostet. Nur Militärs haben Anspruch auf einen Ehrensold von 20 Francs im Jahr, sie dürfen zudem die blau-weiß-rote Trikolore über ihren Sarg legen lassen. Und im Pariser Kaufhaus Bon Marché gibt es immerhin einen Preisnachlaß von fünf Prozent für wenig begüterte Ritter vom roten Band.

Lediglich ein paar ganz unabhängige Geister verweigerten sich der Ordensehre. General Lafayette etwa (»um der Lächerlichkeit zu entgehen«), die emanzipierte Schriftstellerin George Sand (»aus Angst, wie eine alte Marketenderin auszusehen«), aber auch die Modeschöpferin Coco Chanel oder der Schauspieler und Sänger Yves Montand. Übrigens werden inzwischen schon Vertreter der ganz leichten Muse in die republikanische Elite aufgenommen – für welche patriotischen Verdienste auch immer. Unter ihnen war vor einigen Jahren Line Renaud, ein bekannter Altstar des Casino de Paris. Angesichts der Würde der hohen Auszeichnung sah sie sich veranlaßt, einen dem Herrenmagazin *Lui* zugesagten Termin zur Aufnahme von Aktphotos abzusagen. Die satirische Zeitung *Canard Enchaîné* fand allerdings eine viel praktischere Erklärung für ihren Rückzug: »Wir fragen Sie: Wohin hätte sie denn ihr Band heften sollen?«

Fragt man einen Franzosen, was für ihn der Inbegriff der Elite sei, dann fällt todsicher das Stichwort »Große Schulen« – und das ist nun wirklich etwas typisch Französisches. Derartige staatliche Pflanzstätten für die Führungsschicht des Landes gibt es sonst nirgends in der westlichen Welt, auch nicht in den USA. Wer in Frankreich auf seiner Visitenkarte die magischen Worte »Absolvent einer Großen Schule« stehen hat, der ist von vornherein als überlegen ausgewiesen. Das wirkt entschieden besser als Universitätsdiplom oder Doktorgrad. Hochschulen aller Art kann praktisch jeder Abiturient besuchen, denn einen Numerus Clausus gibt es strenggenommen nicht. Zu dem guten Dutzend der renommiertesten *Grandes Ecoles* hat dagegen nur Zugang, wer zusätzlich zum Abitur eine harte Auslese besteht. Kein Wunder, daß die »Ehemaligen« der Eliteschulen sich als Angehörige einer exklusiven Kaste fühlen und gern mit einem mitleidigen Lächeln auf den Massenbetrieb an den Universitäten herabsehen.

Stets hielt es der Staat für seine Pflicht, die Bildung der Eliten selber zu übernehmen. Das wohl älteste Beispiel ist die berühmte Ecole Polytechnique. Ihr gab Napoleon 1794 den Leitspruch »Vaterland, Wissenschaft und Ruhm« und als Wahrzeichen zwei gekreuzte Kanonen (daher die Bezeichnung X für die Schule und ihre Schüler). Lange erfüllte Polytechnique ihre ursprüngliche Aufgabe, der Nation gute Offiziere zu liefern. Doch damit ist es heute vorbei, nur wenige Absolventen interessieren sich noch für die Militärkarriere. Statt dessen ist die Ecole Polytechnique zur renommiertesten Ingenieurschule des Landes mit starkem wirtschaftlichen Einschlag avanciert. Eines ist allerdings von der alten Tradition geblieben: Die Ausbildung ist paramilitärisch, der Schulleiter ist ein General, Uniform ist obligatorisch, Schüler und Schülerinnen treten zum Appell an.

Auch die Ecole Normale Supérieure (unter Kundigen *Normale Sup*), im gleichen Jahr wie Polytechnique gegründet, hat in den fast 200 Jahren ihres Bestehens nichts von ihrem Prestige eingebüßt. *Normale Sup* bildete ursprünglich Lehrer aus. Im Prinzip tut sie das heute noch, doch eben die besten ihres Fachs (die nach Abschluß ihrer Ausbildung gar keine Lust haben, in den Schulen zu unterrichten). Die Elite der Philologen und Philosophen, in geringerem Umfang auch der Naturwissenschaftler, kommt von *Normale Sup*. Deren Selbstverständnis hat Staatspräsident Georges Pompidou, selbst ein Ehemaliger, pathetisch formuliert: »Der Normalien glaubt an die Ehre wie Corneille und an die Liebe wie Racine. Er glaubt an Frankreich wie Michelet. Er glaubt an die Freiheit wie Voltaire und an die

Gleichheit wie Rousseau. Er glaubt an die Tradition und an den Fortschritt, an die Republik der Philosophen und an die Herrschaft des Volkes.«

Schauen wir uns die jüngste der Eliteschulen, die zugleich die angesehenste ist, etwas genauer an: Die Pariser Ecole Nationale d'Administration oder ENA, an der die französische Republik den Nachwuchs für ihren Staatsapparat heranzieht. Zumindest im Prinzip; denn dem Enarchen (so nennen sich Schüler und Ehemalige) stehen Tür und Tor offen. Über 3500 junge Franzosen haben die Anstalt im Quartier Saint-Germain seit ihrer Gründung 1945 absolviert, viele von ihnen sitzen heute an den Schaltstellen der Macht: in Regierung und Parlament, in Industrieunternehmen und Banken, bei internationalen Organisationen im In- und Ausland, vor allem aber an der Spitze der Beamtenhierarchie. Und daran kann es keinen Zweifel geben: Die Enarchen gehören zu den brillantesten Leuten ihrer Generation, woran sie übrigens auch selber keinen Zweifel lassen.

Sollten Sie einmal stolze Eltern kennenlernen, die Ihnen erklären: »Mein Sohn (oder meine Tochter) macht die ENA«, dann dürfen Sie auf keinen Fall versäumen, Ihr bewunderndes Staunen kundzutun. Kleine Leute wie Großbürger glauben zu Recht, daß das die Pforte zur Karriere ist. Man braucht sich nur die illustren Vertreter der Spezies »Enarch« anzusehen: Ex-Präsident Valéry Giscard d'Estaing etwa, Premierminister Jacques Chirac oder sein sozialistischer Amtsvorgänger und -nachfolger Laurent Fabius, aber auch der Boß des Autokonzerns Peugeot, Jean Calvet, oder Lionel Jospin, der Chef der Sozialistischen Partei. Die politische Couleur spielt keine entscheidende Rolle, sie sind allesamt geprägt durch den Stil ein und derselben Schule, durch die gleiche Sprache, die gleiche Denkstruktur, die gleiche Art, Probleme anzupacken, und vor allem das gleiche Selbstverständnis.

ENA überall und über alles – kein Wunder, daß die grauen Eminenzen im oft noch jugendlichen Alter vom Volk als »neue Mandarine« oder als »Technokraten-Mafia« tituliert werden. Mag die Enarchen-Herrschaft (die »Enarchie«) den Franzosen manchmal unheimlich sein, an ihrer Kompetenz wagt kaum jemand zu zweifeln. Schließlich steht das ENA-Diplom am Ende eines unerbittlichen, in der deutschen Bildungslandschaft völlig unbekannten Ausleseprozesses. Nur jeder zehnte Bewerber kommt durch, doch dafür ist ihm die höchste gesellschaftliche Anerkennung sicher. Dabei gilt in Frankreich die fast selbstverständliche Erwartung, daß diese Eliteschüler primär in den Staatsdienst gehören und nicht in die freie Wirtschaft. Der Dienst für den Staat wird nämlich immer noch als nobler angesehen als bloßes Geldverdienen in irgendeiner Chefetage der Industrie.

Dabei setzen sich weniger die Genies mit rekordverdächtigen Intelligenzquotienten durch als rede- und schreibgewandte Alleswisser, die ihre universellen Kenntnisse im richtigen Augenblick effektvoll anzubringen wissen. Die glanzvolle Darbietung ist der Schlüssel zum Erfolg – und darauf werden die Enarchen systematisch getrimmt. Hier begegnen wir einem Phänomen wieder, das uns schon bei der Rolle der Sprache aufgefallen ist: Die Form ist wichtiger als der Inhalt, glänzende Rhetorik findet allemal mehr Beifall als tiefgründige Originalität. Wer eine Selbstverständlichkeit brillant formuliert und dazu nutzt, ein intellektuelles Feuerwerk abzubrennen, dem wird größtes Lob zuteil. Im Zweifelsfall muß man eben gut reden können, auch wenn man wenig zu sagen hat – bis hin zu dem (natürlich spöttischen) Spruch: »Ich habe Ihre Frage nicht verstanden, werde aber trotzdem darauf antworten.«

Wie das alles in das Land der *égalité*, der Gleichheit, paßt? Im Prinzip sehr gut; denn die Großen Schulen gelten als das demokratischste aller möglichen Auslesesysteme. Nur Leistung zählt, nicht Beziehungen, Ellbogen oder gar ein klangvoller Name. Doch die Wirklichkeit sieht nicht ganz so demokratisch aus. Erfahrungsgemäß kommen die meisten Enarchen aus dem Pariser Großbürgertum, das allen Ehrgeiz darein setzt, durch entsprechende Erziehung seine Kinder optimal auf die Werte vorzubereiten, die an den Großen Schulen zählen.

Daher ist es nicht erstaunlich, daß gerade das System der gezielten Elitenbildung durch die Auslese an den Großen Schulen zu einer bedenklichen Kastenbildung geführt hat. Hohe Hürden werden damit für alle aufgebaut, die es versäumen, eine dieser Kaderschmieden zu absolvieren. Und mit ihrem ausgeprägten Corpsgeist sorgen die Ehemaligen dafür, daß die Karrierechancen für »Eindringlinge« begrenzt bleiben. Aus gutem Grund ist immer wieder von der »blockierten Gesellschaft« die Rede, von der Weltferne der Eliten, von der Zementierung der Privilegien.

Auch wenn der Durchschnittsfranzose mit ehrfürchtigem Schauder von der ENA und ähnlichen Großen Schulen spricht, kann er im gleichen Atemzug über blutleere Technokraten herziehen, die sich ihren eigenen Begriff von Demokratie zurechtgelegt haben. Die Kritik an den Elitefabriken und am Selbstverständnis der daraus hervorgegangenen Eliten ist in den letzten Jahren lauter geworden, und ganz so ernst nehmen sich die Betroffenen wohl auch nicht mehr. Wie hätte sonst ein ehemaliger Direktor der ENA, dieses Tempels französischer Verwaltungskunst, erklären können: »Frankreich muß mit der ENA leben wie mit seinen zahllosen Käsesorten und seinem Hurrapatriotismus«.

Es gibt noch eine andere Elite in Frankreich, die man in dieser Art wohl in keinem anderen Land findet: die Intellektuellen. Sie sind als Vordenker der Nation bezeichnet worden, und daran ist viel Wahres. Auch wenn sich die *Intellos*, wie sie im Jargon des Pariser Intelligenzlerviertels Saint-Germain heißen, alle möglichen Freiheiten herausnehmen, sie werden doch ernst genommen. Das einfache Volk bewundert sie, weil sie so klug reden. Der Staatspräsident schart sie um sich, weil er als einer der Ihren gelten möchte. Die Medien lassen sie gerne zu Wort kommen, weil das langer Tradition entspricht. Kein halbwegs seriöser Politiker könnte es sich leisten, ungeliebte Intellektuelle als »Pinscher« oder »Kulturschickeria« zu verspotten, wie das in der Bundesrepublik geschieht; er würde sich selbst als Banause bloßstellen. Selbst wenn einer aus der Zunft der Dichter und Denker über die Strenge schlägt, gilt immer noch die Devise, die Charles de Gaulle prägte, als seine Polizei den Philosophen Jean-Paul Sartre arretieren wollte: »Man verhaftet Voltaire nicht.«

Die Achtung, die den Intellektuellen entgegengebracht wird, mag auf den ersten Blick ein Pariser Phänomen sein. Denn die Hauptstadt bietet mit ihren Verlagen, Salons, Zeitschriften die ideale Basis für den intensiven Gedankenaustausch, die spektakuläre Kontroverse und natürlich auch die effektvolle Selbstdarstellung. Doch es steckt mehr dahinter. Im ganzen Land wird dem Kopfarbeiter Respekt bezeugt, man ist stolz auf Geistesgrößen, die auch im Ausland gehört werden. Letztlich ist es wohl die Fähigkeit, das Wort als Waffe einzusetzen, die den Intellektuellen in Deutschland suspekt macht, ihm in Frankreich Prestige einträgt. Wer gar die Gabe besitzt, sich so auszudrücken, daß er auch von Laien verstanden wird, der kann es bis zur Popularität bringen.

Diese verbreitete Wertschätzung seiner Rolle in der Gesellschaft drängt den typischen französischen Intellektuellen zu einer eher überraschenden Haltung: Er engagiert sich unentwegt, erteilt moralische Lektionen, als sei er das Gewissen der Nation. Ständig erscheinen oder zirkulieren irgendwelche Petitionen, Aufrufe oder öffentliche Erklärungen, in denen sich Intellektuelle (einschließlich solcher, die sich dafür halten) für eine zumindest aus ihrer Sicht gute Sache stark machen. Kompetenz ist dabei nicht entscheidend, Engagement genügt. Als »Schreibtisch-Revolutionäre« und »Intellektuelle im Liegestuhl« hat der bedeutende Soziologe Raymond Aron, der sich aus den ideologisch gefärbten Grabenkämpfen zeitlebens heraushielt, seine Kollegen bezeichnet, unermüdlich im Unterzeichnen der illusorischsten Appelle, deren Folgen andere ausbaden müßten. Ob es dabei um Polen oder Afghanistan, um deutschen Terrorismus oder den islamischen Heiligen Krieg geht: Der Intellektuelle hat gefälligst eine Meinung zu haben, sie der Öffentlichkeit zu unterbreiten und dafür auf die Straße zu gehen. Keine Frage, daß die so Geforderten der Erwartung mit Lust nachkommen.

Wofür sich der Meister schlägt, ist nebensächlich, das Wie zählt. Ein eindrucksvolles Beispiel: Als im Dezember 1982 der Dichter und Romancier Louis Aragon starb, störte sich kaum jemand an seiner stalinistischen Vergangenheit oder seiner Mitgliedschaft im Zentralkomitee der Kommunistischen Partei. Bei der Trauerfeier vor der pompösen Pariser KP-Zentrale hielt der (sozialistische) Premierminister in Anwesenheit von sieben Ministern die Gedenkrede. Der Mann, der 1953 Stalin als den »größten Philosophen aller Zeiten« bejubelt hatte, war für die Regierenden wie für das Volk zuerst der *homme de lettres*, der Literat, der klar Stellung bezogen hatte und sich mit der Gewalt des Wortes für eine Sache schlug. So wie Chateaubriand mit Napoleon abrechnete, Zola für die Ehrenrettung des zu Unrecht verbannten Juden Dreyfus focht, Sartre und Camus gegen den Algerienkrieg zu Felde zogen. Der Nekrolog für Aragon war eine nationale Ehrenbezeigung an das Genie des Dichters.

Zwischen den beiden Weltkriegen und bis in die siebziger Jahre standen die französischen Intellektuellen in der Mehrzahl politisch links. Die Kommunistische Partei konnte sich mit den illustren Namen schmücken, wer nicht Parteimitglied war, berief sich zumindest auf Marx und Mao. Erst nach dem Prager Frühling und Solschenizyns *Archipel Gulag* wanderte die Intelligentsia nach rechts. Ehemalige Stalinisten und Maoisten mauserten sich im Stile einer Massenbekehrung zu aufgeklärten bis orthodoxen Konservativen. Den Höhepunkt setzten im Sommer 1977 die »Neuen Philosophen« mit dem Leitspruch »Marx ist tot«. Sie kamen allesamt von Linksaußen, doch danach fragte niemand. Mit Medienrummel und telegener Selbstdarstellung sorgten sie für Schlagzeilen in den Zeitungen und für hohe Auflagen ihrer Bücher. Nicht weil die Bourgeoisie sich über die Heimkehr der verlorenen Söhne freute, sondern weil sie neue Maßstäbe für die intellektuelle Debatte setzten, wurden die Konvertiten wie die Entdecker einer neuen Wahrheit gefeiert.

Ob rechts, links oder nirgendwo, Intellektuelle werden als Elite geachtet und beachtet. So wie Sartre, dessen politische Analysen sich im nachhinein meist als falsch erwiesen, der den Patriotismus seiner Landsleute brüskierte, dessen schriftstellerisches Genie ihm Bewunderung eintrug und dessen fehlender Respekt vor Realität und Gesetz ihn zum Vorbild ganzer Generationen machte. Ehre, wem Ehre gebührt.

Dem Staat, was des Staates ist...

Ganz anders als wir Deutschen haben die Franzosen ein ungebrochenes, ja inniges Verhältnis zu ihrem Staat – zumindest auf den ersten Blick. Er verkörpert für sie: das Vaterland, für das viele gestorben sind; die Heimat, in der man besser und freier lebt als irgendwo sonst auf der Welt; die Obrigkeit, die Schutz bietet und Respekt verdient; die gemeinsame glorreiche Geschichte schließlich, die alle Klassen, alle Regionen, alle Parteien um die gleichen Symbole schart. Das Wort *Etat* wird groß geschrieben, genau wie *Dieu* und natürlich *République*. Der Staat wird idealisiert und über alles gestellt. Ihm verzeiht der Franzose vieles, notfalls mit dem exkulpierenden Argument der Staatsraison. Im Namen des Staates ist so manches erlaubt, was seine Bürger zu Kriminellen stempeln würde.

Die Symbole dieses Staates werden Ihnen in Frankreich auf Schritt und Tritt begegnen. Auch im kleinsten Dorf steht zum Beispiel das Kriegerdenkmal, das die Erinnerung an die Namen derer bewahrt, die in den Kriegen dieses Jahrhunderts gefallen sind: in Europa, Indochina, Algerien. Daß sie als Helden ihr Leben geopfert haben, daß sie als Märtyrer für die Freiheit gestorben sind, daß ihnen die Nation ewig dankbar sein wird – all das und vielleicht noch einige andere fromme

Am Nationalfeiertag immer dabei: Kriegsveteran im Ordensschmuck

Lügen stehen da in Stein gemeißelt oder in Bronze gegossen. Gekrönt ist das Ehrenmal im allgemeinen von einem Soldaten in Heldenpose, bei näherem Hinsehen entdecken Sie häufig sogar einen stolzen gallischen Hahn, das Ganze wahrscheinlich im Schatten der Kirche oder mitten auf der Place de la République.

Diese Monumente sind schon deshalb unentbehrlich, weil an jedem nationalen Gedenktag (und natürlich besonders am 14. Juli, dem Nationalfeiertag) Bürgermeister, Gemeinderat, Musikkapelle und Traditionsvereine einen Ort brauchen, um sich zu versammeln, einen Kranz niederzulegen und die Marseillaise abzusingen. Besonders eindrucksvoll sind dabei die Abordnungen der *anciens combattants*, der Kriegsveteranen. Stolz tragen sie ihre blau-weiß-rote Fahne, selbstbewußt haben sie Medaillen und Orden an die Brust geheftet. Für ein paar Stunden sind politischer und persönlicher Streit verdrängt. Frankreich ist einig, und das martialischste Monument wirkt friedlich, gleichsam wie ein Ort der Eintracht, übrigens auch für den deutschen Besucher. In Ihren Ohren werden die patriotischen Reden allerdings ein bißchen theatralisch klingen.

Ein vergleichbares nationales Symbol ist Jeanne d'Arc, die Jungfrau von Orleans. An unzähligen Straßen und Plätzen werden Sie auf ein Standbild der französischen Nationalheiligen stoßen. Fast in jeder Kirche steht ihre Statue, eine junge Frau in Ritterrüstung (meist aus Gips), die Trikolore in der Hand. Eigentlich ist das absurd, denn als Johanna im 15. Jahrhundert den zögernden König in den Kampf gegen die Engländer führte, hielt sie bestenfalls das Lilienbanner dem Feind

Erinnerung an die Helden der Nation: Kein Dorf ohne Kriegerdenkmal

entgegen. Über ein paar Ungereimtheiten regt sich indes niemand auf. Ebensowenig darüber, daß auf diesem Umweg ein sehr weltliches Zeichen wie die Trikolore in manche Kirche gerät, obwohl in Frankreich seit Beginn des Jahrhunderts die strikte Trennung von Kirche und Staat gilt.

Vor der Gipsstatue der Jungfrau von Orleans werden Sie zwar keine versunkenen Beter finden wie vor der Jungfrau Maria. Aber als Heilige wird sie sich allemal um die nationale Einheit kümmern, was wiederum im Sinne auch eines guten Katholiken sein muß. Kurioserweise ist Jeanne kein sehr beliebter Vorname. Nicht beliebter jedenfalls als France, und um seine Tochter Frankreich zu nennen, muß man schon ein halbwegs überzeugter Patriot sein.

Sobald Sie Franzosen näher kennenlernen, werden Sie ein drittes Staatssymbol entdecken: einen ungebrochenen Nationalstolz, der nicht zuletzt auf einem ungetrübten Verhältnis zur eigenen Geschichte basiert. Der Schriftsteller François Nourissier hat dieses Selbstverständnis treffend beschrieben: »Jeder Franzose ist im tiefsten Innern, wenn nicht gar mit aller Bewußtheit, davon überzeugt, daß seine seltsame Nation nacheinander die Christenheit, die gottgewollte Monarchie, die Menschenrechte und die Freiheit verkörpert hat. Diese Milch hat er eingesogen, als er lesen und schreiben lernte. Jeder französische Schüler lebt, noch bevor er das Einmaleins völlig beherrscht, mit der Geschichte und dem Universellen auf du und du.«

Als Deutscher hat man damit einige Schwierigkeiten. So klingt für unsere Ohren geradezu vermessen, was vor einigen Jahren der ehemalige Kulturminister Maurice Druon, als erfolgreicher Romanschriftsteller übrigens ein Mitglied der Académie Française, schrieb: »Frankreich kann nur große Ambitionen haben. Das Schicksal und der beharrliche Wille derer, die es aufbauten, haben es dafür geschaffen. Es ist in keiner Weise für das bequeme Mittelmaß begabt, selbst wenn diejenigen, die an seiner Spitze stehen, dies als Ziel vorgaukeln. Frankreich muß untergehen, wenn es sich mit bescheidenen Ambitionen begnügt.« Gewiß, das sind Töne, über die heute mancher Franzose lächelt. Zumindest der Glaube an die Größe der Nation gehört jedoch zum Pflichtprogramm der Politiker von rechts wie links (auch wenn der in deutschen Medien vielzitierte Begriff *grande nation* in Frankreich praktisch nie benutzt wird). Die alten Herren mit dem Tremolo in der Stimme werden vom Publikum kaum wörtlich genommen, aber man hört die pathetischen Töne nicht ungern.

Das muß Sie nicht weiter stören, genausowenig wie die zahllosen blau-weiß-roten Fahnen im Stadtbild. Sie sind nicht allein Ausdruck von demonstrativem Selbstbewußtsein, sondern weisen auf öffentliche Gebäude und Dienststellen hin. Das gilt für den Elysée-Palast genauso wie für ein Polizeirevier oder eine staatliche Kinderkrippe. Die Flagge ist für einen Franzosen die natürlichste Sache der Welt, und sicherlich bemerkt er es gar nicht mehr, daß ihn in einer Großstadt wie Paris alle paar hundert Meter die Trikolore grüßt. Nicht ganz unschuldig ist dagegen die Absicht, wenn Sie gelegentlich beim Gang durch ein Kaufhaus auf den wiederholten (in den Farben Blau, Weiß und Rot ausgeführten) Hinweis stoßen, in dieser oder jener Abteilung werde speziell französische Ware angeboten. Ein Mißbrauch der Nationalfarben zu kommerziellen Zwecken? Zweifellos steckt dahinter ein Appell an das französische Käufergewissen, aber für die Trikolore gibt es keinen Markenschutz. Schließlich trug Madame Mitterrand bei der

Amtseinführung ihres Mannes als Präsident der Republik im Mai 1981 ein unübersehbar blau-weiß-rot gestreiftes Kleid, und in der Werbung kommt diese Farbkombination auffallend häufig vor.

Für unseren Geschmack geht das vielleicht ein bißchen zu weit, vor allem wenn Graphik und Text das nationale Element aufnehmen. Im Sommer 1979 erschien in mehreren Magazinen eine Farbanzeige, deren Text folgendermaßen begann: »Bleiben Sie Franzose, auch beim Ölwechsel, wir haben für Sie das Frankreich-Öl. Total bringt es heute auf den Markt, denn wir kennen die wahren Bedürfnisse der Franzosen.« Irgendwo taucht bei solchen Werbekampagnen auch der gallische Hahn auf. Und sollten Sie Frankreich während eines Wahlkampfes besuchen, werden Sie feststellen, daß der Himmel auf den einschlägigen Plakaten meist unnatürlich blau-weiß-rot gefärbt ist. Mit Nationalismus, so wird Ihnen jeder Franzose sagen, hat das gar nichts zu tun, allenfalls mit einem gesunden Nationalbewußtsein.

Die Franzosen lieben ihr Land, das steht außer Frage. Sie verlassen es ungern, weder im Berufsleben noch in den Ferien. Ein Franzose, der sein Land außerhalb der Landesgrenzen kritisiert, verstößt gegen einen ungeschriebenen Ehrenkodex und wird als Nestbeschmutzer beschimpft. Wenn Sie einen Franzosen darauf ansprechen, wird er Ihnen begeistert darlegen, daß sein Land die beste Küche, die besten Autos, die bedeutendsten Philosophen, die größten Museen, die brillantesten Diplomaten, die beste Verwaltung und (das haben Sie bereits erfahren) das beste Straßennetz der Welt hat. In dem Augenblick, in dem er Ihnen das versichert, ist er auch davon überzeugt – und stolz darauf. Was das mit »typisch französischem Chauvinismus« zu tun haben könnte, wird er nie verstehen.

Doch lassen Sie sich nicht täuschen, diese sorgsam gepflegte Fassade hat Risse. Sobald Franzosen unter sich sind, offenbaren sie sich als die größten Nörgler, dann sind sie prinzipiell unzufrieden und gebärden sich wie die letzten Revolutionäre – zumindest in ihren Reden. Doch die Lust zur Kritik tobt sich weniger am Staat als Obrigkeit aus denn an seinen Repräsentanten, den Politikern. An denen wird nach Herzenslust herumgemekkert. Der amerikanische Soziologieprofessor Jesse R. Pitts beschrieb das etwas drastisch so: »Für den Franzosen ist klar, daß die Regierung stiehlt, betrügt und lügt, daß sie ihre Günstlinge hat, für die das Gesetz nicht gilt, und ihre Prügelknaben, bei denen das Gesetz mit jeder nur erdenklichen Härte angewendet wird.«

Vielleicht liegt es an dieser Kritikfreudigkeit, vielleicht ist es aber auch ein Gefühl der Ohnmacht, daß Franzosen mit Hingabe über Politik reden. Über »die da oben« wird vom Leder gezogen, daß jeder deutsche Stammtisch vor Neid erblassen müßte. Nach Volkes Meinung gibt es unter dem, was vornehm die »politische Klasse« genannt wird, zu viele Aktivisten und Drahtzieher. Eine Meinungsumfrage vom Herbst 1984, die viel Aufsehen erregte, demonstrierte das überdeutlich. Danach gaben 82 Prozent der Befragten zu Protokoll, die Politiker sagten die Unwahrheit; 62 Prozent warfen ihnen vor, sie kümmerten sich nicht um die wirklichen Anliegen der Bevölkerung; jeder zweite empörte sich gar, Politiker verdienten in Frankreich zuviel Geld. Die Zeitung *Le Monde* zog den naheliegenden Schluß: »Das Image der Politiker in der öffentlichen Meinung ist verheerend.«

Für die Nation mag der Franzose sterben, den Staat mag er respektieren und über die Regierung spotten. Wenn es aber um sein Verhältnis zur öffentlichen Bürokratie geht, hat er einen ganz menschlichen Reflex: Wie kann ich mich mit den lästigen Bürokraten arrangieren? Frankreich lebt mit dem *System D*, und zwar nicht schlecht. *D* kommt von dem Begriff *se débrouiller*, sich durchmogeln. Und das hat bei unseren Nachbarn wirklich System.

Amtlich existiert das alles natürlich nicht. Unbeirrt verkündet der in Paris für die Beamten zuständige Minister: »Wir haben die beste Verwaltung der Welt.« Reisen nicht ständig Delegationen aus aller Welt an, um das »französische Modell« an Ort und Stelle zu studieren? Ein Muster an sachlicher Kompetenz, persönlicher Integrität und politischer Neutralität, rekrutiert aus der Elite der Nation – so sieht die offizielle Version des französischen Staatsdieners aus. Der Durchschnittsfranzose sieht das anders. Er ist um Erfahrungen reicher, die Ihnen als ausländischem Besucher in der Regel erspart bleiben. Wer einmal französischen Behörden ausgeliefert war, der weiß, daß sie einen bis zur Weißglut nerven können. Der Schalter trennt oft zwei Welten voneinander, die Dialoge über die Trennungslinie hinweg werden leicht zum Grabenkrieg, in dem um jeden Zentimeter Boden gerungen wird. Der Begriff »Bürokratie« ist schließlich mehr oder weniger französisch, gleichwohl ist der negative Unterton aus dem Munde eines Franzosen selten zu überhören.

Wahrscheinlich ist in Frankreich das Gefühl, einem anonymen Apparat ausgeliefert zu sein, ausgeprägter als in Deutschland. Für den Bürger in Frankreich sind die Behörden leicht eine unüberwindliche Bastion. Das hängt mit der Zentralisierung des Landes zusammen. Alle Wege, auch die der öffentlichen Verwaltung, führen nach Paris, womit der Weg zum Bürger lang wird. Die Ministerien in der Hauptstadt wachen mit Argusaugen darüber, daß ja keine Dienststelle, womöglich in der Provinz, ihre Kompetenzen überschreitet. Selbstverständlich werden Kompetenzen delegiert. Doch der Ermessensspielraum, der im konkreten Fall bleibt, ist in der Regel minimal. Vor Ort (und sei es in der Pariser Polizeipräfektur) entscheidet nicht ein verantwortlicher Beamter, der sich als Sachwalter der Bürgerinteressen versteht. Hinter dem Schalter sitzt ein Vertreter der Staatsgewalt, der die Anweisungen des zuständigen Ministeriums ausführt. Dem Beamten gibt diese Situation zugleich ein Gefühl der Stärke und eine nur beschränkte Macht. Gerade dieses Minimum an Macht wird im Verkehr mit »Bittstellern« schonungslos ausgespielt. Deshalb ist gerade der Kontakt mit subalternen Beamten oft am unangenehmsten.

Was liegt da näher, als sich mit der Bürokratie zu arrangieren, ihr gewissermaßen auf sportliche Art ein Bein zu stellen. Ein Sport ist das *System D* auf jeden Fall, er wird mit gleichem Eifer betrieben wie Pferdewetten, Bistrobesuche und Politdebatten. Im Prinzip geht es um nichts anderes als um die Wahrung eines Rechts, nämlich den Umgang mit der Bürokratie halbwegs menschlich zu gestalten. Die wahre Kunst besteht darin, den Verkehr mit amtlichen Stellen über Umwege zu leiten und dabei schneller ans Ziel zu kommen.

Einige Beispiele? Bis vor ein paar Jahren war es praktisch in ganz Frankreich unmöglich, in vertretbarer Zeit einen Telefonanschluß zu bekommen. In Paris mußte man in manchen Arrondissements bis zu zwei Jahren warten. Folglich setzte man alles daran, dank guter Beziehungen ins Postministerium ein paar Plätze auf der endlos langen Warteliste zu überspringen (und sicherte sich damit nebenbei die Bewunderung der ganzen

Nachbarschaft). Heute, wo jeder sein Telefon postwendend angeschlossen bekommt, ist es weit interessanter, mit einem netten Menschen im nächsten Polizeirevier bekannt zu sein. Wahre Könner zahlen dann keine Strafzettel mehr und sparen eine Menge Geld. Bestechungsgelder sind gar nicht nötig. Man muß nur den zuständigen Kommissar gut kennen – oder zumindest jemanden, der ihn gut kennt. In Frankreich, das wissen Sie mittlerweile bestens, laufen alle Fäden in Paris zusammen. Mit Hilfe eines guten Drahts ins Verteidigungsministerium läßt sich erreichen, daß der Sohn seinen Wehrdienst in seiner Heimatgemeinde absolviert und möglichst jeden Abend nach Hause kommt. Ein richtig plazierter Fürsprecher kann beim Erziehungsminister die Versetzung des Lehrers X in den sonnigen Süden statt in den grauen Norden verwirklichen. Bei Versetzungen (auch in den Ruhestand) scheint man überhaupt leichter ans Ziel zu kommen, wenn man den Instanzenweg zu umgehen weiß.

Ganz besonders nützlich sind gute Verbindungen zu Politikern (über die man, wie wir gesehen haben, ansonsten nur Schlechtes denkt). Die Beschleunigung einer Baugenehmigung läßt sich unter Umständen bei einem Glas Wein mit dem zuständigen Beigeordneten aus dem Rathaus regeln. Wer allerdings in Paris zum Zug kommen will, sollte sich »seinen« Abgeordneten warmhalten. Denn daß sich ein Abgeordneter für Dinge verwendet, die mit der großen Politik nichts zu tun haben, ist in Frankreich selbstverständlich. Herbert Lüthy, der Verfasser des Bestsellers *Frankreichs Uhren gehen anders*, hat einmal festgestellt, französische Parlamentarier hätten nicht die Aufgabe, Politik zu machen, sondern ihren »Klienten Vergünstigungen, Genehmigungen, Beförderungen, Ordensbänder, bevorzugte

Berücksichtigung ihrer lokalen oder korporativen Anliegen, einige große oder kleinere Brosamen vom Tisch des nationalen Haushalts zu gewähren«.

Ein altes korsisches Sprichwort fordert: Gerechtigkeit für jedermann, Gunst für die Freunde. In Frankreich lohnt es sich, auch im Umgang mit dem Staat auf Freunde zu setzen. Wer ein Freund ist, das entscheidet sich beim Gespräch an der Theke, in der Sprechstunde des Abgeordneten oder beim Gang zur Wahlurne. Und in einem System, in dem Bürokratie leicht zum Selbstzweck gerät, wird Gunst ohnehin zur Gerechtigkeit. Wer wollte da etwas gegen das *System D* einwenden?

Noch einfallsreicher sind viele Franzosen, wenn es ans Steuerzahlen geht. Es ist schon etwas dran an dem Spruch, Steuerhinterziehung sei ein französischer Volkssport. Allem Nationalstolz zum Trotz ist die Steuermoral miserabel. Wer den Staat betrügen kann, tut das mit Lust und einem guten Gewissen. Niemand denkt daran, dem Staat die unerläßlichen Mittel für sein Funktionieren vorzuenthalten; es werden ja lediglich die Politiker daran gehindert, das mühsam verdiente Geld der Bürger leichtfertig bis skrupellos auszugeben oder sich gar selber zu bedienen.

Außerdem ist in Frankreich so ziemlich alles tabu, was mit Geld zu tun hat. Auch den Staat geht das Einkommen eines ehrlichen Bürgers nichts an. Sie werden kaum einem Franzosen begegnen, der Ihnen sagt, wieviel er verdient, geschweige denn, was für ein Vermögen er hat. Für die Fachleute gibt es keinen Zweifel, daß Frankreich eines der reichsten Länder Europas ist. Wenn das nicht dem Eindruck entspricht, den Sie auf Ihrer Reise quer durchs Land gewinnen, dann liegt das daran, daß Reichtum systematisch vor den Augen der neugierigen Öffentlichkeit (und des Fiskus) versteckt wird. Die lange bäuerliche Geschichte Frankreichs, so versichern die Historiker, hat selbst beim Städter das atavistische Bedürfnis erhalten, seine materielle Lage nach außen zu untertreiben und sein vielleicht durch Generationen angesammeltes Familienvermögen zu verbergen.

Die Goldmünzen im Wollstrumpf, die Dollarscheine unter der Matratze, der Schmuck im Versteck: all das sind beliebte Methoden, seine Schätze zu hüten, wie die aufmerksame Lektüre des Polizeiberichts belegt. Vor allem aber gibt es Banksafes. Als im Sommer 1976 in Nizza beim spektakulären Einbruch in das Kellergewölbe einer Bank ein paar Dutzend Schließfächer ausgeraubt wurden, sammelten die Gangster eine Beute von etwa 20 Millionen Mark ein: Goldbarren, Münzen, Bargeld, Wertpapiere. Genau war der Wert nie zu erfahren, denn die Eigentümer gaben oft nicht den Verlust an. Hatten sie doch ihre Vermögenswerte im Safe aufbewahrt, um sie nicht versteuern zu müssen.

Gold ist immer noch der Königsweg, Vermögen zu bilden und unbemerkt an die nächste Generation weiterzugeben. Die privaten Goldhorte der Franzosen werden auf mindestens 5000 Tonnen geschätzt, davon ein Großteil in Münzen. Transaktionen von Gold sind anonym, hinterlassen für den Steuerfahnder keine Spur und ersparen damit zumindest die Erbschaftsteuer, wenn das Vermögen unter den Kindern aufgeteilt wird. Im günstigsten Fall profitieren die Erben zusätzlich von einem Guthaben auf einem (immer noch streng verbotenen) Auslandskonto, zu Lebzeiten der Erblasser klammheimlich in mit Geldscheinen gefüllten Koffern über die Grenze geschafft. Skrupel wird deswegen niemand empfinden, auch nicht der glühendste Patriot.

Zwischen vorgestern und übermorgen

Jedes Jahr, Anfang Mai, gibt es im Pariser Invalidendom ein eigenartiges Schauspiel zu sehen. Unter dem Hauptportal warten einige über und über mit Orden dekorierte Militärs im Rollstuhl auf die Gäste. Ehrenjungfern in Schuluniform bilden ein Spalier zur Gruft mit dem roten Porphyrsarkophag des Kaisers. Trommelwirbel und Orgelrauschen begleiten den Priester auf seinem Weg zum blumenbeladenen Altar. Vor einigen hundert schriftlich geladenen Getreuen feiert Frankreich die jährliche Seelenmesse zum Gedenken an seinen großen Sohn Napoleon. Vielstimmiges De Profundis, Weihwasser, Aufmarsch der Fahnenträger und die Marseillaise zum Abschluß – die Freunde des Korsen beten für sein Seelenheil und vergessen dabei wohl nicht das gute, alte Frankreich.

La vieille France, das ebenso altehrwürdige wie altmodische Frankreich, ist nicht nur ein Kapitel im Geschichtsbuch der Nation. Es lebt mitten im modernen Frankreich fort, dem leistungsfähigen Industriestaat, der einen Vergleich mit seinen Nachbarn nicht zu scheuen braucht. In keinem andern Land Europas stehen auch nur annähernd so viele Kernkraftwerke wie in Frankreich. Nirgends rast ein vergleichbar schneller Zug durch die Landschaft wie der französische TGV. Konkurrenzlos auf dem alten Kontinent sind die Superflugzeuge Concorde und Mirage. Und fanatisch, ja fast kindlich einfältig ist der Glaube der Franzosen an die Verheißungen der Technik.

Frankreichs Uhren gehen anders – immer noch. Nicht langsamer, nicht schneller, sie laufen unterschiedlich schnell. Die Zukunft hat längst begonnen, aber in den Köpfen herrscht noch die alte Ordnung. Da nistet neben dem Vertrauen auf den Fortschritt das eiserne Festhalten an vertrauten Gewohnheiten. Unkontrollierbare Reflexe kämpfen gegen kühles Raisonnement. Revolutionäre Tradition koexistiert mit unterschwelliger Angst vor dem Chaos. Die Zukunft findet mitten in der Vergangenheit statt.

Offiziell redet alle Welt von der Modernisierung des Landes. Präsident Georges Pompidou, der schwerblütige Mann aus der Provinz, predigte als erster unermüdlich die Industrialisierung. Sein Nachfolger Valéry Giscard d'Estaing, der Eliteschüler aus erzkonservativem Hause, verkündete bei seinem Einzug in den Elysée-Palast eine »Ära des Wandels«. Und François Mitterrand, der wie kein zweiter Referenzen in der Vergangenheit sucht, trat seine Amtszeit mit der Verheißung der *révolution tranquille*, der stillen Revolution, an. Mit Macht schien der rückwärtsblickende Agrarstaat der Nachkriegszeit, die Möchtegern-Großmacht der gaullistischen Jahre eine moderne Zukunft anzusteuern.

Doch was gelten den Franzosen Politikerworte. Je mehr die Modernität in offiziellen Reden beschworen wird, desto stärker regen sich Zweifel. Sogar im modehungrigen Paris hört man oft den Satz: *Plus ça change, plus c'est la même chose*, je mehr sich alles ändert, desto mehr bleibt alles beim alten. Daran ist viel Wahres. Präsidenten und Regierungschefs mögen die Zukunft beschwören, letztlich gilt für Frankreich unverändert, was der Soziologe Michel Crozier nüchtern feststellte: »Man ändert eine Gesellschaft nicht per Verordnung.«

Ein praktisches, eher amüsantes Beispiel soll das belegen. Paris unterzeichnete 1968 eine internationale Konvention, die vorsah, daß in allen westeuropäischen Ländern die Autofahrer nach Einbruch der Dunkelheit in geschlossenen Ortschaften mit Abblendlicht fahren sollten. Was für die Bundesrepublik längst die Regel war, wurde schließlich 1979 auch für Frankreich verbindlich – und der Aufstand brach los. Fast einmütig verweigerten sich die Autofahrer und beharrten darauf, wie eh und je mit Standlicht zu fahren. Zeitungen riefen offen zum Boykott der neuen Vorschrift auf, in mehreren Städten wurden regelrechte Widerstandskampagnen organisiert. Die absurdesten Argumente fanden Gehör: etwa, daß Abblendlicht den Augen schade oder daß nunmehr 60000 Tonnen Benzin im Jahr mehr verbraucht würden. Selbst Abgeordnete und Senatoren gingen im Parlament auf die Barrikaden. Die Regierung blieb hart – bis die Linke an die Macht kam. Sie konsultierte und diskutierte bis Dezember 1981. An einem Samstag überraschte der damalige sozialistische Premierminister Pierre Mauroy, umringt von 14 Fachministern, die Autofahrer mit einem Weihnachtsgeschenk: Die lästige Umstellung wurde für null und nichtig erklärt. Seitdem darf jedermann, allen europäischen Konventionen zum Trotz, seine Scheinwerfer ganz nach eigenem Gusto einstellen.

Ein zweites Beispiel demonstriert augenfällig die Ohnmacht der reformwilligen Staatsgewalt gegenüber dem zähen Widerstand der Bürger. Es war bereits von dem teilweise erschreckenden technischen Zustand der Autos die Rede, die auf Frankreichs Straßen verkehren. Vor ein paar Jahren wollte die Regierung diesem

Spuk ein Ende machen. Sie konnte nicht tatenlos mit ansehen, wie jedes Jahr 20000 Wracks, die vor den Kontrollbehörden der Nachbarländer keine Gnade gefunden hatten, in Frankreich Abnehmer fanden. So wurde der Plan geboren, vor allem für Gebrauchtwagen eine Kontrollpflicht einzuführen. Schließlich wechseln jährlich 2,9 Millionen Gebraucht- und Unfallwagen, die älter als fünf Jahre sind, den Eigentümer.

Die verordnete Vorführungspflicht geriet zum Musterbeispiel für eine Scheinlösung. Zwar gilt sie für alle über fünf Jahre alten Gebrauchtwagen. Doch weder Käufer noch Verkäufer sind verpflichtet, die reklamierten technischen Mängel reparieren zu lassen. Die amtlich geprüfte Werkstatt zeigt den Mangel an – und damit kann die Sache auf sich beruhen. Keine Rede kann also davon sein, daß auch die Franzosen jetzt so etwas wie einen TÜV hätten. Der zuständige Pariser Verkehrsminister begründete seine schiere Ohnmacht mit der Entschuldigung: »Wir müssen sehr pragmatisch sein und schrittweise vorgehen, denn man wechselt nicht über Nacht vom Nichts zu einer extremen Vorschrift. Ein Auto aus dem Verkehr zu ziehen, weil es in schlechtem Zustand ist, ist psychologisch sehr schwer durchzusetzen.«

Ein kluger Satz. Denn für den Franzosen ist und bleibt das Auto Symbol und Instrument seiner persönlichen Freiheit; mit ihm will er umgehen können, ohne daß ihm jemand dreinredet. Ob sein Auto einwandfrei funktioniert oder nicht, geht niemanden etwas an. Und wenn es eines Tages zusammenbricht, fällt der Abschied schwer wie von einer liebgewordenen Person. Solche Gewohnheiten sind sakrosankt, wer daran zu rütteln wagt, ist zum Scheitern verurteilt.

Das Beharrungsvermögen ist bei den kleinen Dingen des Alltags besonders groß. Vom *Schizofranc* haben wir bereits gesprochen, dieser unausrottbaren Angewohnheit, in längst abgeschafften Alten Francs oder Centimes zu rechnen. Hierher gehört auch die Unsitte, in Kino und Theater den Platzanweiserinnen ein – erwartetes – Trinkgeld zuzustecken, obwohl sie keine Plätze mehr anweisen und wirklich nur da sind, um die Hand aufzuhalten. Verblüffende Widersprüche, für die es kaum eine Auflösung gibt. Da bauen die Franzosen ein supermodernes Kulturzentrum wie das Pariser Centre Pompidou, gläserne Bürotürme wie La Défense im Westen der Hauptstadt und tollkühne Hängebrükken über die Seine. Doch in zwanzig Jahren haben sie es nicht geschafft, ein einheitliches System von Glühbirnen durchzusetzen. Jedes Elektrogeschäft hat solche mit Gewinde und solche mit Bajonettverschluß vorrätig, weil es nach wie vor Lampen beider Typen zu kaufen gibt. Manchmal auch noch Birnen für 110 Volt, denn die alte Spannung ist bislang nicht in allen Haushalten auf 220 Volt umgestellt.

Wenn Sie aufmerksam Zeitung lesen, werden Sie leicht weitere Beispiele für dieses Schizo-Phänomen finden, dieses Auseinanderklaffen von Modernität und Tradition, von Anspruch und Wirklichkeit. Jeden Winter bricht irgendwo im Lande die Energieversorgung zusammen, sind zigtausend Haushalte plötzlich ohne Strom, weil das archaische Netz von Überlandleitungen unter der Schneelast gerissen ist (sinnigerweise oft in Sichtweite von Kernkraftwerken). Dann wird der Notstand ausgerufen, werden Bautrupps und Hubschrauber mobilisiert, aber niemand kommt auf die Idee, die Stromleitungen unter die Erde zu verlegen oder zumindest wetterfest zu machen.

Zur Verweigerung des Fortschritts kommt das Festhalten an regionalen oder lokalen Gewohnheiten. Ein Beispiel aus dem Südwesten, wo alljährlich im Mai zwischen Bordeaux und den Pyrenäen ein seltsames Ritual praktiziert wird. Um diese Zeit kehren die Tauben aus dem wärmeren Süden zurück, und die traditionelle Taubenjagd bringt jede geregelte wirtschaftliche Aktivität zum Erliegen. Seit Generationen ist das so, und daß der Volkssport seit Jahren verboten ist, kümmert keinen. Mit Bürgermeister und Lehrer an der Spitze ziehen die Männer aus den Dörfern auf die Schießstände, und keine Autorität der Welt könnte es wagen, den Gesetzesbruch zu ahnden. Höchste Gerichte haben die von der ratlosen Regierung konzedierten Ausnahmegenehmigungen kassiert. Doch die Einheimischen schütteln nur den Kopf und gehen weiter auf die Jagd.

Das Festhalten am Althergebrachten quasi als Flucht vor der Realität, das ist die eine Seite. Hinzu kommt das Überleben gesellschaftlicher Strukturen, die jeden Fortschritt unbeschadet überstanden haben. Sogar das Studium von Todesanzeigen liefert Anschauungsmaterial. Wenn etwa Frau Dupont das Hinscheiden ihres Gemahls Charles anzeigt, dann zeichnet sie als Madame Charles Dupont, nicht unbedingt aus Verehrung für den Verblichenen, sondern als Ausdruck selbstverständlicher Unterordnung oder gar Unterwerfung.

Gerade in gehobenen Schichten der Gesellschaft stößt man auf die antiquiertesten Gepflogenheiten. Daß Kinder ihre Eltern mit »Sie« anreden, ist so häufig, daß es keinen erstaunt. Die Franzosen wissen auch, daß sich die Giscards (genau wie die Chiracs) untereinander nicht duzen. Überraschender ist es schon, wenn eine in Ehren ergraute Jungfer die Anrede *Madame* durch ein entrüstetes *Mademoiselle* korrigiert.

Merkwürdige Schrullen leistet sich auch der Staat. Da

gibt es in Frankreich fünfzig Bürger, die eine jährliche Rente von 5,71 Francs beziehen. Das ist keine soziale Minimalleistung, sondern ein historisches Relikt. Die bedachten Personen sind nämlich ausnahmslos weibliche Nachkommen von Soldaten, die 1805 an der Schlacht von Austerlitz teilnahmen; außerdem erfüllen sie die Bedingung, vor der Erreichung ihres dreißigsten Lebensjahres einen Kriegsinvaliden geehelicht zu haben...

Man darf die Bedeutung solcher Kuriositäten nicht überschätzen, auch die Franzosen lächeln gelassen darüber. Wenn sie für etwas typisch sind, dann für die unbestrittene Verwurzelung Frankreichs in seiner Tradition. Anachronismen überleben, weil sie niemand in Frage stellt. Was immer so war, kann auch weiter so bleiben. Unzeitgemäße Reflexe dauern fort, zumal die Franzosen keinen Anlaß sehen, an ihrer Identität zu zweifeln. Vieles, was die Deutschen umtreibt, ist für die Franzosen völlig im Lot. Sie sehen keinen Grund dafür, ständig ihre Positionen zu überdenken. Das gilt besonders für die eigene Geschichte. Sie ist, so wird es in der Schule gelehrt, eine endlose Reihe großer Gestalten und ruhmreicher Taten; was weniger glorreich war, ist vergessen. Dieses Land versteht es trefflich, mit seinen Widersprüchen zu leben. Warum sollte es Angst vor der Zukunft haben? Warum sollte es nicht Spitzenpositionen in Technik und Industrie besetzen und gleichzeitig das bewahren können, was den Reiz der *vieille France*, des gelassenen, seiner selbst sicheren Frankreich ausmacht?

Wer sich daranmacht, diesen Widersprüchen nachzuspüren, hat es nicht leicht. Ist das, was uns an unserem Nachbarland so gefällt, was wir als seinen Charme empfinden, nicht das Ergebnis einer gewissen Rückständigkeit, die wir als Gäste und Touristen in vollen

Zügen genießen, weil bei uns mit der totalen Industrialisierung, mit der Erschließung des letzten Winkels kein Platz mehr dafür ist? Oder schaffen es die Franzosen tatsächlich, Altes und Neues wie selbstverständlich nebeneinanderzustellen? Der Journalist Philippe Alexandre hat sein Land mit seinen Widersprüchen und seiner Selbstsicherheit trefflich charakterisiert: »Wir glauben, daß es nicht zur Not verurteilt ist, sondern sich mehr Trümpfe, Reichtümer und mehr Eigenheiten bewahrt hat als die meisten anderen Länder. Man braucht nur ein paar Schritte aus Frankreich heraus zu machen, um mit eigenen Augen zu sehen, wie gut es die Vorsehung immer noch mit diesem Land meint. Es erlebt die gleichen Dramen wie seine Nachbarn..., aber es ist geschickter darin, sich damit abzufinden oder sie zu verstecken... Für nichts in der Welt möchten die Franzosen anderswo leben, und die Klage ist berechtigt, daß sie sowenig bereit sind, draußen in der Welt für Frankreich zu arbeiten. Doch dazu ist es gekommen, weil nur wenige Länder es so wie das unsere verstanden haben, sich einen gewissen Stil, Klugheit und Lebensart zu bewahren.«

Angesichts von soviel Selbstbewußtsein und Zuversicht ist es begreiflich, daß die Franzosen bei allem Glauben an die Segnungen der Zukunft sich von ein paar liebenswürdigen oder auch schrulligen Eigenheiten nicht trennen. Sie sind so etwas wie Inseln im Strom der Entwicklung, alles andere als zeitgemäß, aber wohl gerade deshalb von besonderem Wert. Mit rationalen Argumenten läßt sich das Festhalten am Überholten kaum erklären, aber es verleiht Sicherheit. Ein bißchen Eigensinn mag mit im Spiel sein, auch Bequemlichkeit. Vielleicht macht gerade diese Irrationalität Frankreich liebenswert – und die Erfahrung, daß andere Länder glauben, sie könnten sich einen solchen Luxus nicht leisten. In den fünfziger Jahren schrieb der große Schriftsteller André Maurois ein Buch mit dem Titel *Frankreich ändert sein Gesicht*. Dieses Gesicht hat sich seitdem permanent verändert und ist sich trotzdem immer gleich geblieben.

Deutschland und Frankreich

Im Frühjahr 1986 erschien in der Bundesrepublik ein Buch mit dem geheimnisvollen Titel *Die rätselhaften Deutschen*. Die französische Autorin, Brigitte Sauzay, lieferte darin dem Leser folgendes Bild vom »typischen« Deutschen: »Das Wirtschaftswunder hat uns ihre Gegenwart in reichem Maße beschert: auf französischen Autobahnen schleppt er seine gigantischen, mit Lebensmitteln vollbepackten Wohnwagen dahin, um jeden Halt in einem Restaurant zu vermeiden; an unseren Stränden räkelt er sich besonders nackt, besonders rot und besonders lärmend. In Südfrankreich kauft er Haus um Haus, treibt die Preise hoch, denkt gar nicht daran, dem Bürgermeister, dem Krämer und dem Gastwirt seine Aufwartung zu machen – und wundert sich dann, daß keiner ihn will, wenn er endlich angekommen ist, den Mercedes zum Bersten voll mit Einkäufen aus dem Supermarkt. In Tignes hat es seine etwas betuchtere Spezies geschafft, auch noch den letzten Franzosen zu vertreiben, der jene deutschen trunkenen Gelage mit ihren grölenden Gesängen einfach nicht mehr aushielt.«

Besonders nackt, besonders rot, besonders lärmend – damit sind Sie gemeint, lieber Leser. Sie mögen diese Klischeevorstellung schockierend finden, aber so ist es nun einmal: Manche Franzosen haben ihre liebe Not mit den Deutschen, die den reichen Nachbarn spielen und im Stil von neuen Kolonisatoren auftreten, als gehöre Frankreich ihnen. Ganz im Ernst: Allzu viele sind es nicht, die in diese Kategorie gehören, und in der Regel sind deutsche Besucher ohne Einschränkungen willkommen. Aber auch das stimmt: Ein Deutscher, der sich (siehe oben) typisch deutsch benimmt, erregt leicht mehr Ärgernis als ein Besucher aus irgendeinem anderen Land mit noch so provozierendem Benehmen. Und das hat seine Gründe.

Der erste ist historisch. Sicher kennen Sie das Wort von der Erbfeindschaft zwischen Deutschland und Frankreich. Drei mörderische Kriege haben Deutsche seit der zweiten Hälfte des letzten Jahrhunderts in ihr westliches Nachbarland getragen. Die Niederlage von 1871 schmerzte vor allem, weil Frankreich Elsaß und Lothringen abgeben mußte; erniedrigend war sie, weil das neue Deutsche Reich ausgerechnet im Spiegelsaal des königlichen Schlosses von Versailles ausgerufen wurde. Tiefe Wunden hinterließ der Erste Weltkrieg. Die riesigen Materialschlachten an Marne und Somme, Namen wie Verdun und Douaumont sind für den geschichtsbewußten Franzosen mehr als schreckliche Erinnerungen an ferne Zeiten. Der 11. November, an dem 1918 die deutsche Niederlage besiegelt wurde, ist noch heute ein nationaler Gedenk- und Feiertag.

Zweifellos am stärksten belastet wurde das deutsch-französische Verhältnis durch die Greuel des Zweiten Weltkrieges. Zu den Opfern auf den Schlachtfeldern kam eine demütigende militärische Niederlage, gefolgt von der Besetzung des Landes. Tausende von Franzosen wurden in Konzentrationslager verschleppt, viele starben in den Gaskammern. Gleichzeitig spielte sich ein nationales Drama ab: Die Bevölkerung schwankte zwischen heldenhaftem Widerstand gegen die Besatzer und bequemer Kollaboration; Frankreich war gespalten wie selten in seiner Geschichte und hat diese Spannungen bis heute nicht voll bewältigt.

Dreimal in ihrer jüngeren Geschichte haben Deutsche Franzosen ins Unglück getrieben, und dennoch gehört die früher oft zitierte Erbfeindschaft der Vergangenheit an. Die deutsch-französischen Beziehungen sind wirklich zu einer Freundschaft geworden – und das grenzt fast an ein Wunder. Vierzig Jahre seit Kriegsende, das ist für ein Land, das Jahrhunderte vor den Deutschen zu seiner Einheit, Sprache und Kultur gefunden hat, nicht viel mehr als ein Augenblick. Der deutsche Besucher tut gut daran, das nicht zu vergessen, gerade weil er heute nicht mehr damit rechnen muß, Mißtrauen oder gar Haß zu begegnen. Niemand wird Sie heute mehr als *boche* beschimpfen. Alle Umfragen der letzten Jahre haben eindeutig gezeigt, daß die Franzosen ihre deutschen Nachbarn inzwischen als ihre zuverlässigsten Partner und besten Freunde betrachten – auch wenn sie die deutsch-französische Geschichte stets im Hinterkopf haben.

Ein zweiter Grund, warum die Franzosen manchmal ihre liebe Not mit den Deutschen haben, liegt in ihren falschen Erwartungen. Die Neugier für den Nachbarn jenseits des Rheins war immer da, doch Vorurteile und Klischees haben sich (möglicherweise noch stärker als die unseren über Frankreich) festgesetzt. Gerade bei gebildeten Leuten werden Sie oft auf ein überraschendes Deutschlandbild stoßen. Es hat seine Wurzeln weniger in historischen Katastrophen als in literarischen und geistigen Traditionen. Stellvertretend für viele sei Madame de Staël genannt, die mit ihrem 1815 erschienen Buch *De l'Allemagne* über Generationen hinweg das Bild vom romantischen, sentimentalen Deutschen geprägt hat. Genau besehen hat sie mit ihrem Werk viel Unheil angerichtet, weil es vor allem bei jenen falsche Vorstellungen weckte, die den Schritt über die Grenze nie gewagt haben. Das Bild von Deutschland verdichtet sich in diesen Köpfen leicht auf Richard Wagner, sagenumwobene Tannenwälder, Loreley und Erlkönig. Wer das für deutsche Normalität hält, wird von der Realität zwangsläufig enttäuscht.

Ein dritter Grund schließlich, der französische Empfindlichkeiten erklärt: Demonstrativ zur Schau gestellter Wohlstand wird nicht nur als geschmacklos, sondern auch als provozierend empfunden. Wie eine Invasion wirken auf so manche Franzosen die alljährlichen Wellen von Mark-Touristen, die über ihr Land hinwegrollen und sich an den schönsten Plätzen niederlassen. Deutsche Touristen benehmen sich meist nicht viel anders als französische. Doch sie treten in einer Konzentration auf, die irritiert. Wie kommt es, so fragen sich viele Franzosen, daß sich ausgerechnet die neureichen Deutschen das dickste Auto, den schicksten Wohnwagen oder das teuerste Restaurant leisten können? Warum werden Auslandsreisen für Franzosen unerschwinglich teuer, für Deutsche dagegen immer billiger? Hat man den Franzosen nicht schon vor Jahren versprochen, sie würden die Deutschen wirtschaftlich überholen? Ein Franzose mag zehnmal davon überzeugt sein, daß er die feinere Lebensart hat; angesichts des plakativ vorgeführten deutschen Wohlstandes ist er nicht gegen einen gewissen Minderwertigkeitskomplex gefeit, und der kann sich leicht in Aversionen entladen.

Solche Überlegungen müssen Sie nicht belasten, wenn Sie die Schönheiten Frankreichs genießen. Es ist heute kein Problem, mit Franzosen unbefangen und offen darüber zu sprechen. Das gilt auch für die finstersten Kapitel unserer gemeinsamen Geschichte. Augenblicke, in denen ein falsches Wort viel zerstört, wird es allerdings immer geben. Spätestens dann werden Sie merken, daß für den deutschen Besucher Frankreich kein Land wie jedes andere sein kann.

Gerhard Dambmann

Gebrauchsanweisung für Hongkong und Macao

1986. 158 Seiten mit 14 Abbildungen. Kt.

Die Gebrauchsanweisung von Gerhard Dambmann bietet nicht nur praktische Ratschläge und Informationen. Sie hat vor allem die Absicht, den Besucher dieser faszinierenden Stadt hinter die Kulissen schauen zu lassen, ihm die Mentalität der Bevölkerung nahezubringen, was dem Autor durch die Schilderung der Entstehungsgeschichte Hongkongs und die Darstellung chinesischer Traditionen gelingt. Wer sich für Hongkongs Stellung in der Welt interessiert, erfährt, daß die Kronkolonie zum größten Kleider- und Uhrenexporteur der Welt geworden ist, daß Hongkong das drittgrößte Finanzzentrum der Welt darstellt und den drittgrößten Containerhafen der Welt besitzt und wie es den Millionen Arbeitern und Angestellten ergeht, die dieses Wirtschaftswunder erschuftet haben.

Ihr Hongkong-Besuch, bei dem sich ein Abstecher nach Macao empfiehlt, wird durch diese gründliche Einweisung ein gewinnbringendes Ereignis werden – nicht nur in geistiger, sondern vor allem auch in materieller Hinsicht, dank der vielen Insider-Tips des Autors. Im übrigen sollten Ostasienreisende schon deshalb Hongkong nicht auslassen, weil Chinas Küche zum Besten gehört, was Asien zu bieten hat, und nirgendwo schmeckt sie besser als hier.

Vom gleichen Autor liegt vor:

Gebrauchsanweisung für Japan

1981. 149 Seiten mit 10 Abbildungen. Kt.

Piper 33/1 a

PIPER

Johannes Grotzky

Gebrauchsanweisung für die Sowjetunion

2. Aufl., 11. Tsd. 1987. 192 Seiten mit 20 Abbildungen. Kt.

Der bekannte Rundfunkjournalist Johannes Grotzky debütiert als Schriftsteller mit einem umfassenden Benimm-Buch für Reisende in die Sowjetunion. Er nimmt gleichsam den Leser an die Hand und hilft ihm, den komplizierten Touristenalltag zu bewältigen. Es ist beeindruckend, was der Unkundige alles falsch machen kann – aber Grotzky hält dank seiner Sachkenntnis und seines Verständnisses für die sowjetische Mentalität immer den richtigen Tip bereit. An seiner Seite passiert der Tourist die zahlreichen Hürden, die zwischen ihm und dem unbeschwerten Genuß seines Reiseziels errichtet sind: das Geduldspiel um das Visum, die fürsorgliche Belagerung in den staatlichen Hotels und bei den Besichtigungsfahrten, die Tücken und Gefahren des individuellen und öffentlichen Nahverkehrs, die Überraschungen, die der unbefangenene Benutzer von Post und Telefon zu gewärtigen hat, oder die kyrillischen Schriftzeichen, vor denen bei näherem Hinsehen jede Angst unbegründet ist. Grotzky präsentiert mit liebevoller Ironie ein Bild vom Leben in der Sowjetunion. Er denunziert nicht und verschweigt dennoch nichts. Beständig am Puls des Touristenalltags, ist sein Buch eine wahre Fundgrube menschlicher Unzulänglichkeit. Witzig und mit Sinn für die treffende Anekdote geschrieben, informiert es über die komplizierten Riten des Einkaufs, über die Presse, ihre Eingeschränktheit und andererseits ihren unerwarteten Freiheitsspielraum oder über den sozialistischen Gesellschafts- und Ordensadel vom Leninorden bis zum Ehrentitel eines verdienten Bodenverbesserers.

Ein Kapitel über sowjetische Namen und was sie über ihre Träger verraten, fehlt ebensowenig wie amüsante Exkurse über die russische Sprache mit ihren Absonderlichkeiten wie dem Abkürzungsfimmel oder den deutschen Lehnwörtern von »buterbrod« bis »zejtnot«. Mit einer Erörterung der schwierigen Frage welche Geschenke etwaige russische Gastgeber oder deutsche Daheimgebliebene erfreuen und welche davon sich tatsächlich erwerben lassen, schließt das Buch, das in vielem an Watzlawicks Gebrauchsanweisung für Amerika erinnert. Jeder Rußlandreisende sollte es gelesen haben.

PIPER

Dietmar Rothermund

Gebrauchsanweisung für Indien

1983. 140 Seiten mit 11 Abbildungen. Kt.

»Dietmar Rothermund gehört zu den besten Kennern Indiens in Deutschland, seine Bücher über die indische Geschichte sind anerkannt. Lange und immer erneute Aufenthalte und Reisen im Land haben ihm neben der akademischen Kenntnis die praktisch-lebensnahe Erfahrung vermittelt. Sein brillantes kleines Buch ›Gebrauchsanweisung für Indien‹ schöpft aus dem vollen. Es gibt einen knappen Querschnitt durch verschiedene Lebensbereiche, die für Indien charakteristisch sind: Kastenwesen, religiöse Feste, Gurus und Gurusuche, indische Küche; es folgen systematische ›Streifzüge‹ durch die Geographie, Politik und Wirtschaft Indiens. Das große erste Kapitel ist auf die touristischen Bedürfnisse zugeschnitten. Für sie, die Touristen, ist dieses Buch auch gedacht: für jene, die mehr als den Reiseführer lesen, die sich allgemeiner informieren wollen, ohne zu schwierigen Fachwerken zu greifen. Ihnen sei dieses Buch besonders empfohlen. Rothermunds Exposés sind inhaltlich wie sprachlich glänzend, bieten in ihrer Knappheit eine Fülle von Informationen, ohne je professoral-pedantisch zu wirken. Offensichtlich liebt er Land und Leute, hütet sich aber vor dem deutschen Fehler der Indien-Schwärmerei.«
Deutsches Allgemeines Sonntagsblatt

Vom gleichen Autor liegt vor:

5mal Indien

2. Aufl., 10. Tsd. 1983. 459 Seiten mit 22 Fotos. Geb.

Piper 33/1 d

PIPER

Piper Panoramen der Welt

Rolf Ackermann
8mal Sardinien
1986. 224 Seiten mit 16 Fotos. Serie Piper 5109

Fritz René Allemann
8mal Portugal
Überarb. und erweiterte Neuausgabe. 3. Aufl., 15. Tsd. 1983.
369 Seiten mit 37 Fotos. Geb.

Fritz René Allemann
26mal die Schweiz
Panorama einer Konföderation. 4., überarb. Aufl., 44. Tsd. 1985.
603 Seiten mit 17 Fotos. Serie Piper 5106

Harald R. Bilger
111mal Südafrika
3. Aufl., 21.Tsd. 1986. 405 Seiten mit 35 Fotos. Serie Piper 5102

Raymond Cartier
50mal Amerika
Übersetzt aus dem Französischen von Leonore Schlaich/Max Harriès Kester.
19. Aufl., 117. Tsd. 1986. 519 Seiten mit 31 Fotos. Serie Piper 5101

Rudolph Chimelli
9mal Moskau
1987. 231 Seiten mit 19 Fotos. Serie Piper 5113

Gerhard Dambmann
25mal Japan
Weltmacht als Einzelgänger. 4., überarb. Aufl., 24. Tsd. 1986.
335 Seiten mit 22 Fotos. Serie Piper 5104

Tony Gray
6mal Irland
Aus dem Englischen von Ute Wiechern/Hans Jürgen Baron von Koskull.
5. Aufl., 25. Tsd. 1985. 422 Seiten mit 19 Fotos. Serie Piper 5105

Piper 34/2a

PIPER

Piper Panoramen der Welt

Willy Guggenheim
3mal Nordafrika
Marokko, Algerien, Tunesien. 1985. 374 Seiten mit 13 Fotos. Geb.

Erich Helmensdorfer
54mal Ägypten
3., erweiterte und aktualisierte Aufl., 17. Tsd. 1987.
326 Seiten mit 28 Fotos. Serie Piper 5115

Toni Kienlechner
12mal Italien
2., überarb. Aufl., 16. Tsd. 1986. 458 Seiten mit 17 Fotos.
Serie Piper 5110

Ernst Kobbert
26mal Belgien – 1mal Luxemburg
1983. 331 Seiten mit 29 Fotos. Geb.

Catherine Krahmer/Josef Müller-Marein
21mal Frankreich
4., überarb. Aufl., 30. Tsd. 1985. 449 Seiten mit 17 Fotos. Geb.

Rudolf Walter Leonhardt
77mal England
Panorama einer Insel. 15. Aufl., 91. Tsd. 1987.
442 Seiten mit 33 Fotos. Serie Piper 5112

James Morris
3mal Venedig
2., überarb. Aufl., 11. Tsd. 1983. 360 Seiten mit 24 Fotos. Geb.

Marcel Niedergang
20mal Lateinamerika
Von Mexiko bis Feuerland. 5. Aufl., 28. Tsd. 1978.
575 Seiten mit 17 Karten und 26 Fotos. Geb.

Piper Panoramen der Welt

Heinz Ohff
2mal Berlin
1985. 363 Seiten mit 38 Fotos. Geb.

Alan Riding
18mal Mexiko
Aus dem Amerikanischen von Bernd Rullkötter. 1986.
512 Seiten mit 25 Fotos. Serie Piper 5111

Dietmar Rothermund
5mal Indien
2. Aufl., 10. Tsd. 1983. 459 Seiten mit 22 Fotos. Geb.

Hermann Schreiber
6mal Paris
Biographie einer Weltstadt. 2. Aufl., 11. Tsd. 1981.
450 Seiten mit 62 Abbildungen und 23 Tafeln. Geb.

Rüdiger Siebert
5mal Indonesien
Annäherung an einen Archipel. 1987. 531 Seiten. Serie Piper 5116

Klaus Viedebantt
30mal Australien und Neuseeland
3. Aufl., 17. Tsd. 1983. 354 Seiten mit 23 Fotos. Geb.

Klaus Viedebantt
33mal Neuseeland und Polynesien
1986. 408 Seiten mit 21 Fotos. Geb.

Günter C. Vieten
30mal Holland
1983. 293 Seiten mit 20 Fotos. Geb.

Rudolf Woller
6mal Kanada
1984. 398 Seiten mit 16 Fotos und 2 Karten. Geb.

Piper 34/2c

PIPER